손끝으로 채우는 일본어 필사 시리즈 2

어린 왕자

• 앙투안 드 생텍쥐페리 •

Antoine Marie Roger De Saint Exupery, 1900년 6월 29일 ~ 1944년 7월 31일(추정) 프랑스의 소설가, 조종사. 프랑스 리옹에서 태어나 1920년 공군에 입대하여 1926년 에어 프랑스의 전신인 라테코에르 항공사에 들어가 프랑스 민간항공 개척자의 한 사람 으로서 이름을 남겼다. 조종사로서의 경험을 소재로 1929년 장편소설 『남방 우편기』로 데뷔하였고, 두 번째 소설 『야간 비행』으로 페미니 상을 수상, 이후 1939년 『인간의 대 지』로 아카데미 프랑세즈 소설 대상을 수상하였다. 1940년에 나치 독일에 의해 프랑스 북부가 점령되자 미국으로 망명했고, 이 시기에 『어린 왕자』를 집필해 미국에서 출판했 다. 1943년에 연합군에 합류해 공군 조종사로 활동했으며 1944년 7월 31일, 정찰을 위 해 코르시카섬 보르고 기지에서 출격한 뒤 행방불명되었다. 이후 2000년, 한 잠수부가 프랑스 마르세유 근해에서 생텍쥐페리와 함께 실종됐던 정찰기 P38의 잔해를 발견했고 2004년 프랑스 수중탐사팀이 항공기 잔해를 추가로 발견했다.

• 옮긴이 오다윤 •

고려대학교 대학원 중일어문학과 재학 중. 도쿄대 대학원 종교학과 연구생 과정 수료 후 일본 도쿄에서 항공사 지상직, 은행원, IT 엔지니어로 5년간 다양한 경험을 쌓았다. 그 뒤 로도 한국과 일본을 오가며 일본과 관련된 일을 찾다가 우연히 접한 번역의 즐거움에 푹 빠졌다. 번역한 책으로 『은하철도의 밤 - 손끝으로 채우는 일본어 필사 시리즈 1』 저서로 『도쿄의 하늘은 하얗다』 『한 달의 후쿠오카』가 있다.

손	끝	으	로		채	우	는	
일	본	어		필	사		시	리	즈	2

어린 왕자
小さな王子さま

앙투안 드 생텍쥐페리 지음 | 오다윤 옮김

목차

프롤로그

어느 날 사막에 불시착한 조종사에게 다가온 작은 존재, 어린 왕자. 앙투안 드 생텍쥐페리가 그려낸 이 아름다운 이야기는, 일본어 필사라는 특별한 여정을 통해 우리와 다시 만나게 됩니다.

어린 왕자가 별을 여행하며 겪은 모험과 만남, 그리고 그 속에 담긴 깊은 감동을 한 글자 한 글자 써 내려가 보세요. 『어린 왕자』를 필사하는 시간은 단순히 글을 따라 쓰고 언어를 배우는 것을 넘어, 어린 왕자의 여정을 함께 걷는 시간이 될 것입니다. 이야기를 써 내려가며 어린 왕자의 눈으로 세상을 바라보고, 그의 마음으로 세상을 느끼며 진정한 삶의 의미를 발견하는 기쁨을 느껴보는 것은 어떨까요.

여러분 모두가 어린 왕자의 세계에 흠뻑 빠져들고 일본어 학습에 큰 성취를 이루시길, 그리고 별처럼 반짝이는 어린 왕자의 마음이 여러분의 삶에 따뜻한 빛이 되기를 바랍니다.

옮긴이 오다윤

효과적인 필사책 활용법

베껴쓰기 본문

먼저 일본어로 된 소설 본문을 읽어봅니다. 주요 한자에 후리가나가 달려있어서 일본어 학습에 도움이 됩니다.

필사하는 페이지

본문을 천천히 따라 써 봅니다. 쓰면서 소리 내 읽으면 더 좋습니다.

1

僕が6つのとき、読んだ本にすばらしい絵があった。『全部本当の話』という名まえの、自然のままの森について書かれた本で、そこに、ボアという大きなヘビがケモノを丸呑みしようとするところが描かれていたんだ。だいたいこういう絵だった。

「ボアというヘビは、えものを噛まずに丸呑みします。その後はじっとお休みして、6か月かけて、お腹の中で溶かします。」と本には書かれていた。

어릴 적 무렵 읽었던 책에 놀라운 그림이 있었다. 책의 제목은 『정말로 있었던 이야기』로 자연 그대로의 숲에 관한 내용이었는데, 그중 보아뱀이라는 큰 뱀이 맹수를 통째로 집어삼키려는 모습을 그린 그림이 있었다. 대충 이런 느낌이었다.

'보아뱀은 먹이를 씹지 않고 통째로 삼킵니다. 그러고는 여섯 달 동안 깊은 잠을 자면서 뱃속에서 소화시킵니다.'라고 쓰여 있었다.

어린왕자 小さな王子さま

☐ 6つ 여섯, 여섯 살 ☐ 読む 읽다 ☐ すばらしい 훌륭하다, 근사하다 ☐ 絵 그림 ☐ 全部 전부 ☐ 本当 정말, 진짜 ☐ 話 이야기 ☐ 名まえ 이름 ☐ 自然 자연 ☐ ~まま -인채 ☐ 森 숲 ☐ 書く 쓰다 ☐ ボア 보아(보아과의 뱀) ☐ 大きい 크다 ☐ ヘビ 뱀 ☐ ケモノ 짐승 ☐ 丸呑みする 통째로 삼키다 ☐ 描く 그리다 ☐ だいたい 대개 ☐ えもの 먹이 ☐ 噛む (깨)물다 ☐ 後は 나중에는 ☐ じっと 꼼짝 않고, 지그시 ☐ お休み 자다, 쉬다의 공손한 말씨 ☐ 溶かす 녹이다

14
15

한글 번역문

일본어로 된 소설을 번역해 보고 한글 번역문을 보면서 맞는지 확인해 봅니다.

본문 단어장

본문에 나오는 주요 단어의 뜻과 단어에 관한 부연 설명이 나와 있습니다.

어린 왕자 小さな王子さま

작품 설명

생텍쥐페리가 1943년 발표한 '어른을 위한 동화'. 저자가 미국에서 망명 생활을 할 당시 미국의 출판사로부터 동화를 써보지 않겠느냐는 제의를 받았고, 손수 색연필과 수채화 도구를 구해 삽화까지 그리면서 집필에 몰두하여 완성하였다. 출간 당시 프랑스에서 어려운 시기를 보내고 있던 유대인 친구 레옹 베르트에게 바치는 헌사가 담겨 있다. 생텍쥐페리가 1935년 비행 도중 사막에 불시착했다가 사막여우를 길들이고 극적으로 구출됐던 경험을 바탕으로 구성되었으며, 인간의 본성, 삶과 사랑을 생텍쥐페리 특유의 문체로 성찰한 명작이다. 300여 개 언어로 번역되었고 2억 부 이상 판매되며 현재까지도 전 세계 수많은 독자의 사랑을 받고 있다.

* 일본어 〈어린 왕자〉의 출처는 아오조라분코(www.aozora.gr.jp)입니다.
* 아오조라분코의 〈어린 왕자〉의 원문 제목은 'あの時の王子くん'이지만, 한국의 '어린 왕자' 제목을 그대로 따르고 일본에서도 대중적으로 사용중인 '小さな王子さま'로 변경했습니다.
* 되도록 직역하고 의역은 많이 하지 않았습니다.
* 지명, 인명은 국립국어원 외래어 표기법을 따랐습니다.

星から出るのに、その子は渡り鳥を使ったんだと思う。

별에서 나올 때 그 아이는 철새를 이용했을 거라 생각한다.

レオン・ウェルトに

子供のみなさん、許してください。僕はこの本を一人の大人の人に捧げます。でもちゃんとしたわけがあるのです。その大人の人は、僕の世界で一番の友だちなんです。それにその人は何でも分かる人で、子供の本も分かります。しかも、その人は今フランスにいて、寒い中、お腹を減らして苦しんでいます。心の支えが要るのです。まだいいわけがほしいのなら、この人も前は子供だったので、僕はその子供にこの本を捧げることにします。大人は誰でも、元は子供ですよね。(みんな、そのことを忘れますけど。)じゃあ、捧げる人をこう書き直しましょう。

かわいい少年だったころのレオン・ウェルトに

레옹 베르트에게

어린이 여러분, 용서해 주세요. 나는 이 책을 한 어른에게 바칩니다. 하지만 이에는 그럴만한 이유가 있어요. 그 어른은 저와 세상에서 가장 친한 친구랍니다. 게다가 그는 뭐든지 알고 어린이들의 책에 대해서도 잘 압니다. 하지만 지금 프랑스에서 추운 날씨에 배를 굶주리며 괴로워하고 있지요. 마음의 버팀목이 필요합니다. 아직 더 그럴싸한 이유가 필요하다면 이 사람도 예전에는 아이였기 때문에 나는 그 아이에게 이 책을 바치는 것으로 하겠습니다. 어른은 누구나 원래는 아이였잖아요. (모두 그 사실을 잊지만요.) 그럼 이 책을 바칠 사람을 이렇게 다시 써 보겠습니다.

귀여운 소년이었을 때의 레옹 베르트에게

□ 小さい 작다 □ 王子 왕자 □ 星 별 □ 渡り鳥 철새 □ 使う 쓰다, 사용하다 □ 思う 생각하다 □ 子供 어린이 □ 許す 용서하다 □ 僕 나(남자가 동등하거나 손 아래 상대에게 쓰는 말) □ 大人 어른 □ 捧げる 바치다, 드리다 □ ちゃんとした 분명한, 착실하게, 제대로 □ わけ 원인, 이유 □ 世界 세계 □ 一番 첫째, 가장 □ 友だち 친구, 벗 □ 分かる 알다 □ フランス 프랑스 □ 寒い 춥다 □ 腹 배 □ 減らす 줄이다, 감하다 □ 苦しい 괴롭다 □ 支え 받침, 버팀목 □ 要る 필요하다 □ いいわけ 변명, 핑계 □ ほしい 바라다 □ 誰 누구 □ 元 사물의 시작, 처음 □ 忘れる 잊다 □ 書き直す 고쳐쓰다 □ かわいい 귀엽다 □ 少年 소년 □ ころ 무렵

1

僕が6つのとき、読んだ本にすばらしい絵があった。『全部本当の話』という名まえの、自然のままの森について書かれた本で、そこに、ボアという大きなヘビがケモノを丸呑みしようとするところが描かれていたんだ。だいたいこういう絵だった。

「ボアというヘビは、えものを噛まずに丸呑みします。その後はじっとお休みして、6か月かけて、お腹の中で溶かします。」と本には書かれていた。

여섯 살 무렵 읽었던 책에 놀라운 그림이 있었다. 책의 제목은『정말로 있었던 이야기』로 자연 그대로의 숲에 관한 내용이었는데, 그중 보아뱀이라는 큰 뱀이 맹수를 통째로 집어삼키려고 하는 모습을 그린 그림이 있었다. 대충 이런 느낌이었다.
'보아뱀은 먹이를 씹지 않고 통째로 삼킵니다. 그러고는 여섯 달 동안 깊은 잠을 자면서 뱃속에서 소화시킵니다.'라고 쓰여 있었다.

□ 6つ 여섯, 여섯 살 □ 読む 읽다 □ すばらしい 훌륭하다, 근사하다 □ 絵 그림 □ 全部 전부 □本当 정말, 진짜 □ 話 이야기 □ 名まえ 이름 □ 自然 자연 □ ~まま ~인채 □ 森 숲 □ 書く 쓰다 □ ボア 보아(보아과의 뱀) □ 大きい 크다 □ ヘビ 뱀 □ ケモノ 짐승 □ 丸呑みする 통째로 삼키다 □ 描く 그리다 □ だいたい 대게 □ えもの 먹이 □ 噛む (깨)물다 □ 後は 나중에는 □ じっと 꼼짝 않고, 지그시 □ お休み 자다, 쉬다의 공손한 말씨 □ 溶かす 녹이다

そこで僕は、ジャングルではこんなことも起こるんじゃないか、とわくわくして、色々考えてみた。それから色鉛筆で、自分なりの絵をはじめて描いてやった。作品番号１。それはこんな感じ。

僕はこの傑作を大人の人に見せて、怖いでしょ、と聞いて見回った。でもみんな、「どうして、ぼうしが怖いの？」って言うんだ。

この絵は、ぼうしなんかじゃなかった。ボアがゾウをお腹の中で溶かしている絵だった。だから、僕はボアの中身を描いて、大人の人にもうまく分かるようにした。あの人たちは、いつもはっきりしてないとだめなんだ。作品番号２はこんな感じ。

나는 정글에서는 이런 일도 일어나는구나 설레어서 이런저런 생각을 해보았다. 그리고 색연필로 내 나름대로 그림을 처음 그려보았다. 작품 번호 1번. 그림은 이런 느낌이었다.

나는 내 걸작을 어른들에게 보여주면서 무섭지 않으냐고 물어보고 다녔다. 하지만 모두 이렇게 답했다. "모자가 왜 무섭니."

이 그림은 모자가 아니었다. 보아뱀이 코끼리를 뱃속에서 소화시키는 그림이었다. 그래서 나는 어른들이 잘 이해할 수 있도록 보아뱀의 속을 그렸다. 어른들은 늘 확실하지 않으면 안 된다. 작품 번호 2는 이런 느낌이다.

어린 왕자 小さな王子さま

□ ジャングル 정글 □ 起こる 일어나다 □ わくわく 가슴이 설레는 모양, 두근두근 □ 色々 여러가지 □考える 생각하다 □ 色鉛筆 색연필 □ 自分 자기, 자신 □ ~なり ~나름 □ はじめて 처음으로 □ 作品 작품 □ 番号 번호 □ 感じ 느낌 □ 傑作 걸작, 뛰어난 작품 □ 怖い 무섭다 □ 聞く (소리나 이야기를) 듣다, 묻다 □ 見回る 돌아보다 □ ぼうし 모자 □ ゾウ 코끼리 □ 中身 속에 든 것, 내용물 □ うまく 솜씨 좋게, 잘 □ ~たち ~들 □ はっきり 똑똑히, 명확히 □ だめ 소용없음, 효과가 없음

　大人の人は、ボアの絵なんて中が見えても見えなくてもどうでも

いい、とにかく、地理や歴史、算数や国語の勉強をしなさいと、僕

に言いつけた。というわけで、僕は６歳で絵かきになる夢を諦め

た。作品番号１と２がだめだったから、めげてしまったんだ。大人

の人は自分ではまったく何にも分からないから、子供はくたびれて

しまう。いつもいつもはっきりさせなきゃいけなくて。

　それで僕はしぶしぶ別の仕事に決めて、飛行機の操縦を覚えた。

世界中をちょっと飛び回った。地理を勉強して、本当役に立った。

一目で中国なのかアリゾナなのかが分かるから、夜中に飛んで迷っ

ても、かなり助かるってもんだ。

　어른들은 보아뱀의 속 따위 보이든 보이지 않든 상관없으니 하여간 지리, 역사, 수학,
국어 공부를 하라고 잔소리했다. 그래서 나는 여섯 살에 화가가 되는 꿈을 포기했다.
작품 번호 1과 2의 실패로 기가 죽었기 때문이다. 어른들은 자신들만으로는 아무것도
이해하지 못하기 때문에 어린이는 지쳐 버린다. 언제나 언제나 확실히 설명해 줘야 하
니 말이다.

　그래서 나는 하는 수 없이 다른 일을 선택하여 비행기 조종을 배웠다. 세계 곳곳을 날
아다녔다. 지리를 공부해 두어서 많은 도움이 되었다. 한눈에 중국인지 애리조나인지
알 수 있으니, 한밤중에 비행기를 운전하다 길을 잃어도 아주 도움이 되었다.

□ とにかく 하여간, 어쨌든 □ 地理 지리 □ 歴史 역사 □ 算数 수학 □ 国語 국어 □ 勉強 공부 □ 言いつけ 분부, 명령, 지시 □ 歳 세, 연령, 나이 □ 絵かき 화가 □ 夢 꿈 □ 諦める 체념하다 □ めげる 기가 죽다[꺾이다] □ まったく 완전히, 정말로 □ くたびれる 지치다, 피곤하다 □ しぶしぶ 하는 수 없이, 마지못해 □ 別 다름 □ 仕事 일, 직장 □ 決める 정하다, 결정하다 □ 飛行機 비행기 □ 操縦 조종 □ 覚える 기억하다, 배우다 □ 飛び回る 날아다니다, 뛰어다니다 □ 役に立つ 도움이 되다 □ 一目 한눈(에 들어오는 모양) □ 中国 중국 □ アリゾナ 미국 서부의 주 애리조나 □ 夜中 한밤중 □ 飛ぶ (하늘을) 날다 □ 迷う 헤매다, 방향을 잃다 □ かなり 상당히, 꽤 □ 助かる 도움이 되다, 편해지다

こうして僕は生きてきて、ちゃんとした人たちとも大勢で会って来た。大人の人の中で暮らしてきた。近くでも見られた。でもそれで何かいいことが分かったわけでもなかった。

すこし賢そうな人を見つけると、僕はいつも、取って置きの作品番号1を見せてみることにしていた。本当のことが分かる人なのか知りたかったから。でも返ってくるのは、決まって「ぼうしだね。」って。そういう人には、ボアのことも、自然の森のことも、星のこともしゃべらない。向こうに合わせて、トランプやゴルフ、政治やネクタイのことをしゃべる。すると大人の人は、物事がはっきり分かっている人とお近づきになれて、とても嬉しそうだった。

이렇게 살아오며 괜찮은 사람들과도 많이 만났다. 어른들 가운데 섞여 살아온 것이다. 그들을 아주 가까이에서 볼 수 있었다. 그렇다고 해서 뭔가 좋은 것을 알게 된 것도 아니었다.

조금 똑똑해 보이는 사람을 발견하면, 나는 언제나 소중히 지니고 있던 작품 1번을 보여 주었다. 진짜를 볼 수 있는 사람인지 알고 싶었기 때문이다. 하지만 돌아오는 답은 언제나 정해져 있었다. "모자네." 그런 사람에게는 보아뱀이니 자연림이니 별이니 하는 이야기는 꺼내지 않았다. 어른들의 눈에 맞춰 트럼프나 골프, 정치나 넥타이 등에 관한 이야기를 했다. 그러면 어른들은 아주 분별 있는 사람을 알게 되었다고 매우 기뻐하는 것이었다.

어린 왕자 小さな王子さま

□ 生きる 살다　□ 大勢 많은 사람, 여럿　□ 暮らす 살다, 세월을 보내다
□ 近い 가깝다　□ 賢い 현명하다　□ 見つける 찾(아내)다, 발견하다　□ 取
って置き (만일의 경우에 대비해) 소중히 간직해 둠. 또는 그 물건　□ 知る
알다　□ 返る 되돌아오다　□ しゃべる 재잘거리다, 수다 떨다　□ 向こう
맞은편, 건너편　□ 合わせる 합해서　□ トランプ 트럼프　□ ゴルフ 골프
□ 政治 정치　□ ネクタイ 넥타이　□ 物事 물건과 일, 일체의 사물　□ 近づ
く 친해지다, 가까워지다　□ 嬉しい 기쁘다

2

それまで、僕はずっと一人ぼっちだった。誰とも打ち解けられないまま、6年前、ちょっとおかしくなって、サハラ砂漠に下りた。エンジンの中で、何かが壊れていた。僕には、見てくれる人も、お客さんもいなかったから、直すのは難しいけど、全部一人でなんとかやってみることにした。それで僕の命が決まってしまう。飲み水は、たった7日分しかなかった。

1日目の夜、僕は砂の上で眠った。人の住むところは、はるかかなただった。海のど真ん中、いかだでさ迷っている人よりも、もっと一人ぼっち。だから、僕がびっくりしたのも、みんな分かってくれると思う。朝日が昇るころ、僕は、不思議なかわいい声で起こされたんだ。

그때까지 나는 줄곧 외톨이였다. 누구와도 마음을 터놓지 못한 채, 6년 전에 비행기 이상으로 사하라 사막에 불시착했다. 엔진의 어딘가가 고장 나 있었다. 나에게는 고장을 봐 줄 사람도 승객도 없었기에 비행기를 고친다는 것은 어려운 일이지만, 전부 혼자서 어떻게든 해보기로 했다. 나의 목숨이 걸린 문제였다. 마실 물은 겨우 일주일 치밖에 없었다.

첫날 밤, 나는 모래 위에서 잤다. 사람이 사는 곳은 저 멀리 떨어진 곳이었다. 바다의 한복판, 뗏목 위에서 헤매고 있는 사람보다 더 외톨이였다. 그러니 내가 깜짝 놀란 것도 모두 이해할 수 있을 것이다. 아침 해가 뜰 무렵, 나는 이상하고도 신기한 귀여운 목소리에 일어났다.

□ 一人ぼっち 외톨이 □ 打ち解ける 마음을 터놓다 □ おかしい 이상하다 □ 砂漠 사막 □ 下りる 내리다 □ エンジン 엔진 □ 壊れる 부서지다, 파손되다 □ お客さん 손님, 승객 □ 直す 고치다, 바로잡다 □ 難しい 어렵다 □ 命 목숨, 생명 □ 飲み水 음료수, 마시는 물 □ たった 단지, 겨우 □ 目 ~째 □ 砂 모래 □ 眠る 잠들다 □ 住む 살다 □ はるか 아득히 □ かなた 저쪽, 저편 □ ど真ん中 한복판 □ いかだ 뗏목 □ さ迷う 헤매다, 방황하다 □ びっくり 깜짝 놀람 □ 朝日 아침해 □ 昇る 떠오르다 □ 不思議 불가사의, 미스터리 □ 声 목소리 □ 起こす 깨우다

「ごめんください……ヒツジの絵を描いて！」

「えっ？」

「僕にヒツジの絵を描いて……」

雷に打たれたみたいに、僕は飛び起きた。目をごしごし擦って、ぱっちり目を開けた。すると、へんてこりんな男の子が一人、思い詰めた様子で、僕のことをじっと見ていた。後になって、この子の姿を、わりとうまく絵に描いて見た。

でもきっと僕の絵は、本物の魅力にはかなわない。僕が悪いんじゃない。六歳のとき、大人のせいで絵かきの夢を諦めちゃったから、それからずっと絵に触れたことがないんだ。中の見えないボアの絵と、中の見えるボアの絵があるだけ。

"저기……양을 그려 줘!"

"응?"

"내게 양 그림을 그려줘…….'

나는 벼락이라도 맞은 것처럼 자리에서 벌떡 일어났다. 눈을 쓱쓱 비비고 크게 떴다. 그러자 기묘한 남자아이가 골똘히 생각하는 표정으로 나를 계속 쳐다보고 있었다. 이후에 이 아이의 모습을 비교적 잘 그림으로 그려보았다.

하지만 분명 내 그림은 실물의 매력에는 미치지 못한다. 이것은 내 탓이 아니다. 6살 때 어른들 때문에 화가의 꿈을 포기해 버려서 그 이후로 계속 그림에 손을 대지 않았기 때문이다. 속이 보이지 않는 보아뱀 그림과 속이 보이는 보아뱀 그림만 있을 뿐이다.

□ ヒツジ 양 □ 雷に打たれる 벼락을 맞다 □ 飛び起きる (자리에서) 벌떡 일어나다 □ ごしごし 물건을 비벼대는 소리,모양 □ 擦る 문지르다, 비비다 □ ぱっちり 눈이 시원스런 모양, 눈을 크게 뜬 모양 □ 目を開ける 눈을 뜨다 □ へんてこりん 이상[기묘]한 모양 또는 그런 사람 □ 男の子 남자아이 □ 思い詰める 외곬으로만 깊이 생각하다 □ 様子 모습, 상태 □ 姿 모양, 형태 □ わりと 비교적 □ きっと 분명 □ 本物 진짜, 실물 □ 魅力 매력 □ かなわない 이길 수 없다, 대적[필적]할 수 없다 □ 悪い 나쁘다 □ せい 탓 □ 触れる 손을 대다, 접촉하다

それはともかく、いきなり人が出てきて、僕は目を丸くした。人の住むところのはるかかなたにいたんだから。でも、男の子は道を探しているようには見えなかった。

後になって、この子の姿を、わりとうまく絵に描いて見た。
이후에 이 아이의 모습을 비교적 잘 그림으로 그려보았다.

그러나저러나 갑자기 사람이 튀어나와서 나는 눈을 동그랗게 떴다. 이곳은 사람 사는 곳에서 저 멀리 떨어져 있는 곳이기 때문이다. 하지만 남자아이는 길을 찾는 것처럼 보이지는 않았다.

어린 왕자 小さな王子さま

□ いきなり 갑자기, 돌연 □ 目を丸くする (놀라서) 눈을 동그랗게 뜨다
□ 探す 찾다

へとへとにも、はらぺこにも、喉がからからにも、びくびくして
いるようにも見えなかった。人の住むところのはるかなかなた、砂
漠のど真ん中で、迷子になっている、そんな感じはどこにもなかっ
た。

やっとのことで、僕はその子に声を掛けた。

「えっと……ここで何をしてるの？」

すると、その子はちゃんと伝えようと、ゆっくりと繰り返した。

「ごめんください、ヒツジの絵を描いて……」

ものすごく不思議なのに、だからやってしまうことってある。

それで何だかよく分からないけど、人の住むところのはるかかな
たで死ぬかもしれないのに、僕はポケットから1枚の紙とペンを取
り出した。

기진맥진하지도, 배고프지도, 목이 바싹바싹 마르지도, 겁에 질린 것 같지도 않았다.
사람 사는 곳의 아득한 저편, 사막의 한가운데서 미아가 된 그런 느낌은 어디에도 없었
다.

마침내 나는 그 아이에게 말을 걸었다.

"음……여기서 뭐 하는 거니?"

그러자 그 아이는 제대로 전하려고 천천히 되뇌었다.

"미안한데 양을 그려줘……."

너무나 불가사의한 일인데 거스를 수 없는 것이 있다.

그래서 뭐랄까 잘 모르겠지만, 사람이 사는 곳과 까마득히 멀리 떨어진 곳에서 죽을
지도 모르지만, 나는 주머니에서 종이 한 장과 펜을 꺼냈다.

□ へとへと 기진맥진한 모양 □ はらぺこ 배가 몹시 고픔 □ 喉 목 □ か
らから 바싹 마른 모양 □ びくびく 벌벌, 흠칫흠칫 □ 迷子 미아 □ やっ
とのこと 마침내 □ 声を掛ける 갑자기, 말을 걸다 □ 伝える 전하다 □
ゆっくり 천천히, 느긋하게 □ 繰り返す 되풀이하다 □ ごめんください
실례합니다, 미안합니다 (정중하게 사과하는 말) □ ものすごく 대단히, 매
우 □ 死ぬ 죽다 □ ポケット 주머니 □ ~枚 ~매, ~장 (종이·널 따위 얇고
평평한 것을 세는 말) □ 紙 종이 □ 取り出す 꺼내다

でもそう言えば、僕は地理や歴史、算数や国語ぐらいしか習っていないわけなので、僕はその男の子に（ちょっとしょんぼりしながら）絵ごころがないんだ、と言うと、その子はこう答えた。

「大丈夫。僕にヒツジの絵を描いて。」

ヒツジを描いたことがなかったから、やっぱり、僕の描ける二つの絵のうち、一つをその子に描いて見せた。中の見えないボアだった。その後、男の子の言葉を聞いて、僕は本当にびっくりした。

「違うよ！ボアの中のゾウなんてほしくない。ボアはとっても危ないし、ゾウなんてでっかくて邪魔だよ。僕んち、すごく小さいんだ。ヒツジがいい。僕にヒツジを描いて。」

なので、僕は描いた。

하지만 그러고 보니 나는 지리나 역사, 산수나 국어 정도밖에 배우지 않았기 때문에, 나는 그 남자아이에게 (조금 시무룩하면서) 그릴 마음이 없다고 하자 그 아이는 이렇게 대답했다.

"괜찮아. 내게 양 그림을 그려줘."

나는 양을 그려 본 적이 없었기 때문에 내가 그릴 수 있는 두 개의 그림 중 하나를 그 아이에게 그려주었다. 속이 보이지 않는 보아뱀 그림이었다. 그 뒤, 남자아이의 말을 듣고 나는 정말 놀랐다.

"아니야! 보아뱀 속의 코끼리 같은 건 갖고 싶지 않아. 보아뱀은 너무 위험하고, 코끼리는 덩치가 커서 방해가 돼. 우리 집은 엄청 작거든. 양이 좋아. 양을 그려 줘."

그래서 나는 양을 그렸다.

□ 習う 배우다 □ しょんぼり 풀이 죽어 □ 絵ごころ 그림을 그리고자 하는 마음 □ 答える 대답하다 □ 大丈夫 괜찮음, 걱정없음 □ 言葉 말 □ 違う 다르다, 아니다 □ 危ない 위험하다 □ でっかい(=でかい) 크다, 방대하다 □ 邪魔 방해 □ 僕んち 아이들이 자기 집을 가리키는 말

それで、その子は絵をじっと見つめた。
「違う！これもう、病気じゃないの。
もう一回。」
僕は描いて見た。
ぼうやは、しょうがないなあというふうに笑った。
「見てよ……これ、ヒツジじゃない。

オヒツジだ。ツノがあるもん……」
僕はまた絵を描き直した。
だけど、前のと同じで、だめだと
言われた。

「これ、よぼよぼだよ。ほしいのは長
生きするヒツジ。」

アイ는 그림을 물끄러미 바라보았다.
"아니야! 이 양은 벌써 병들었는걸. 다시 그려줘."
나는 다시 그렸다.
꼬마는 어찌할 도리가 없다는 듯이 웃었다.
"봐봐……이건 양이 아니야. 숫양이야. 뿔이 있잖아……."
나는 그림을 다시 고쳤다.
하지만 전에 그린 그림과 똑같이 퇴짜맞았다.
"이건 너무 늙었어. 내가 원하는 건 오래 살 수 있는 양이야."

□ 見つめる 응시하다, 주시하다 □ 病気 병 □ 一回 1회, 한 번 □ ぼうや 꼬마 □ しょうがない 달리 방법이 없다, 어쩔 수 없다 □ ~ふう ~식, ~방법 □ 笑う 웃다 □ オヒツジ 숫양 □ ツノ 뿔 □ 同じ 같음, 동일 □ よぼよぼ 늙어서 쇠약해진 모양 □ 長生き 장수

もう我慢できなかった。早くエンジンをばらばらにして行きたかったから、さっとこういう絵を描いた。僕は言ってやった。

「ハコ、ね。君のほしいヒツジはこの中。」ところがなんと、この

絵を見て、僕の小さな審査員は目をきらきらさせたんだ。

「そう、僕はこういうのがほしかったんだ！このヒツジ、草いっぱい食べるかなあ？」

「何で？」「だって、僕んち、すごく小さいんだもん……」

「きっと平気だよ。あげたのは、すごく小さなヒツジだから。」

その子は、顔を絵に近づけた。

「そんなに小さくないよ……あ！眠っちゃった……」

僕が小さな王子くんと出会ったのは、こういうわけなんだ。

더 이상 참을 수가 없었다. 빨리 엔진을 분해해야 했기에 대충 이런 그림을 휘갈겼다. 나는 한마디 던졌다.

"이건, 상자야. 네가 원하는 양은 이 안에 있어." 그런데 세상에, 이 그림을 본 꼬마 심사원의 눈이 반짝였다.

"그래, 나는 이런 게 갖고 싶었어! 이 양은 풀을 많이 먹을까?"

"왜?" "왜냐하면, 우리 집, 아주 작거든……."

"괜찮을 거야. 너에게 준 건 아주 작은 양이니까."

그 아이는 얼굴을 그림 가까이 댔다.

"그렇게 작지 않아……. 어라! 잠들었네……."

나는 이렇게 해서 어린 왕자와 만났던 것이다.

어린 왕자 小さな王子さま

□ 我慢 참음, 견딤 □ 早く 빨리, 어서 □ ばらばら 하나로 된 것이 따로따로 흩어지는 모양, 뿔뿔이 □ さっと 잽싸게 □ ハコ 상자 □ 君 너, 그대, 자네 □ 審査員 심사원 □ きらきら 반짝반짝 □ 草 풀 □ いっぱい 가득, 한껏 □ 食べる 먹다 □ 平気 아무렇지 않음, 걱정 없음 □ あげる 주다 □ 顔 얼굴 □ 近づける 가까이 대다 □ 眠る 잠자다, 자다 □ 出会う 우연히 만나다

3

その子がどこから来たのか、なかなか分からなかった。まさに気ままな王子くん、たくさんものを聞いてくるわりには、こっちのことにはちっとも耳をかさない。たまたま口から出た言葉から、ちょっとずつ見えてきたんだ。

たとえば、僕の飛行機をはじめて目にしたとき（ちなみに僕の飛行機の絵は描かない、ややこしすぎるから）、その子はこう聞いてきた。

「この置物、何？」

「これは置物じゃない。飛ぶんだ。飛行機だよ。僕の飛行機。」

그 아이가 어디서 왔는지 좀처럼 알 수 없었다. 마치 제멋대로 왕자님처럼 많은 것을 물어보는 것 치고는 내 질문에는 조금도 귀를 기울이지 않는다. 이따금 입 밖으로 내뱉는 말로 나는 조금씩 이 아이가 어떤 아이인지 보이기 시작했다.

예를 들어, 내 비행기를 처음 보았을 때 (참고로 내 비행기 그림은 그리지 않겠다. 너무 복잡하니까) 그 아이는 이렇게 물었다.

"이 물건은 뭐야?"

"이건 물건이 아니야. 하늘을 나는 거야. 비행기란다. 내 비행기지."

□ なかなか 상당히, 꽤, 어지간히 □ まさに 정말로, 꼭 □ 気まま 스스럼 없이 자신이 원하는 대로 행동함. 또, 그런 모양 □ たくさん (수나 분량이) 많음 □ わりには ~하는 것 치고는 □ ちっとも 조금도, 전혀, 잠시도 □ 耳をかさない (남의 말을) 귀를 기울이지 않다 □ たまたま 이따금, 우연히 □ 言葉 말 □ たとえば 예를 들어 □ 目にする (실제로) 보다 □ ちなみに 참고로 □ ややこしい 까다롭다 □ 置物 물건

僕は飛ぶ、これが言えて、かなり得意気だった。すると、その子は大きな声で言った。

「へえ！君、空から落っこちたんだ！」

「うん。」と、僕はばつが悪そうに言った。

「ぷっ！変なの……！」

この気まま王子があまりにからからと笑うので、僕は本当にむかついた。ひどい目に合ったんだから、ちゃんとした扱いをされたかった。それから、その子はこう続けた。

「なあんだ、君も空から来たんだ！どの星にいるの？」

ふと、その子の秘密に触れたような気がして、僕はとっさに聞き返した。

「それって、君はどこか別の星から来たってこと？」

나는 하늘을 난다고 말할 수 있어서 꽤 우쭐해졌다. 그러자 어린 왕자가 큰 소리로 말했다.

"우와! 아저씨는 하늘에서 떨어졌구나!"

"응." 나는 멋쩍게 말했다.

"후후! 이상하네……!"

이 제멋대로 왕자가 너무나도 깔깔 웃어대서 나는 정말 화가 났다. 힘든 일을 당했으니 진지하게 대해주기를 바랐다. 그리고 어린 왕자는 말을 이었다.

"뭐야, 아저씨도 하늘에서 왔구나! 어느 별에 있었어?"

나는 문득 이 아이의 비밀에 닿은 듯한 기분이 들어서 즉시 되물었다.

"그렇다는 건 너는 어딘가 다른 별에서 왔다는 거야?"

□ 得意気 의기양양 □ 声 소리, 목소리 □ 空 하늘 □ 落っこちる(=落ちる) 떨어지다 □ ばつが悪い 겸연쩍다, 멋쩍다 □ 変 이상함 □ あまりに 너무나, 몹시 □ からから 높은 소리로 쾌활하게 웃는 모양. 껄껄 □ むかつく 화가 나다 □ ひどい目に合う 지독한 일을 당하다 □ 扱い 대우, 취급 □ 続ける 계속하다 □ ふと 문득, 뜻밖에 □ 秘密 비밀 □ 気がする 생각이 들다, 느낌이 들다 □ とっさに 즉시, 바로 □ 聞き返す 되묻다, 반문하다

でも、その子は答えなかった。僕の飛行機を見ながら、そっと首を振った。

「うーん、これだと、あんまり遠くからは来てないか……」

その子はしばらく一人で、あれこれとぼんやり考えていた。その後ポケットから僕のヒツジを取り出して、その宝物を食い入るようにじっと見つめた。

その子がちょっと匂わせた〈別の星〉のことが、僕はすごく気になった。もっと詳しく知ろうと思った。

「ぼうやはどこから来たの？ 〈僕んち〉ってどこ？ ヒツジをどこに持って行くの？」

その子は答えに詰まって、僕にこういうことを言った。

「よかった、君がハコをくれて。夜、お家がわりになるよね。」

하지만 그 아이는 대답하지 않았다. 내 비행기를 보면서 살짝 고개를 저었다.

"음, 이거라면 그렇게까지 먼 곳에서 오진 않았겠구나……."

그 아이는 잠깐 혼자서 이것저것 멍하니 생각에 잠겨 있었다. 그 후에 주머니에서 나의 양 그림을 꺼내서 그 보물을 잡아먹을 듯이 지그시 바라보았다.

그 아이가 넌지시 꺼낸 '다른 별'이라는 말이 나는 굉장히 신경이 쓰였다. 더 자세히 알아보기로 했다.

"꼬마야, 너는 어디서 왔니? '우리 집'이라는 데가 어디야? 양을 어디로 데려가는 거니?"

그 아이는 대답을 망설이다가 이렇게 대답했다.

"다행이야. 아저씨가 상자를 줘서. 밤에는 양의 집이 되잖아."

□ そっと 살짝, 가만히 □ 首を振る 고개를 젓다 □ あんまり 너무, 과도
함 □ 遠い 멀다 □ しばらく 잠시 □ あれこれ 여러가지 □ ぼんやり 어
렴풋이, 마음이 집중되지 않고 얼빠진 상태 □ 宝物 보물 □ 食い入る 잡아
먹다 □ 匂わす 넌지시 비추다, 암시하다 □ 詳しい 상세하다 □ 持つ 쥐
다, 들다 □ 詰まる 막히다 □ お家 집 □ がわり(=かわり) 대용, 대신

「そうだね。もし君がいい子だったら、昼間、繋いでおくための
ロープをあげるよ。それと、長い棒も。」

　でもこのおせっかいは、王子くんのお気にめさなかったみたいだ。

「繋ぐ？ そんなの、変な考え！」

「でも繋いでおかないと、どこかに行っちゃって、無くしちゃうよ。」

　このぼうやは、またからからと笑いだした。

「でも、どこへ行くって言うの！」

「どこへでも。まっすぐ前とか……」

　すると、言葉はこの王子くん、思い詰めた様子で、こうおっしゃる。

「大丈夫、ものすごおく小さいから、僕んち。」

　それから、ちょっと寂しそうに、こう言い添えた。

「まっすぐ前に進んでも、あんまり遠くへは行けない……」

"그렇고말고. 네가 착하게 굴면 낮 동안 양을 매어 둘 끈을 줄게. 긴 봉도."
하지만 이 쓸데없는 참견은 어린 왕자의 마음에 들지 않았던 것 같다.
"양을 매어둔다고? 참 희한한 생각이네!"
"하지만 매어 두지 않으면 양이 어디론가 가버려서 잃어버려."
이 꼬마는 또다시 크게 웃었다.
"대체 어디를 간다는 거야!"
"어디든. 곧장 앞으로 간다던가……."
그러자 이번에 어린 왕자는 골똘히 생각하더니 이렇게 말했다.
"괜찮아, 우리 집은 엄청 작으니까"
그리고는 조금 서글픈 듯이 이렇게 말했다.
"앞으로 곧장 가도 그렇게 멀리는 갈 수 없어……."

어린 왕자　小さな王子さま

□ 昼間 주간, 낮 (동안) □ 繋ぐ (끈이나 밧줄 따위로) 매다, 묶어 놓다
□ ため 때문 □ ロープ 로프, 밧줄 □ 長い 길다 □ 棒 말뚝, 막대기 □
おせっかい 쓸데없는 참견 □ お気にめさない 마음에 들지 않다 □ 無く
す 없애다 □ まっすぐ 똑바로, 곧장 □ おっしゃる 말씀하시다(言う(=말
하다)의 높임말) □ 寂しい 서글프다, 쓸쓸하다 □ 言い添える 말을 첨가하
다, 덧붙여 말하다 □ 進む 나아가다

4

こうして、大事（だいじ）なことがもう一つ分かった。なんと、その子の住む星は、一軒（いっけん）の家よりもちょっと大きいだけなんだ！

小惑星（しょうわくせい）B612の王子くん
소행성 B612의 어린 왕자

이렇게 해서 나는 중요한 사실 한 가지를 더 알았다. 그 아이가 사는 별은 집 한 채보다 조금 더 큰 정도라는 것이다!

어린 왕자 小さな王子さま

□ 大事 중요함 □ 一軒 집 한 채 □ 小惑星 소행성

と言っても、大げさに言うほどのことでもない。地球、木星、火星、金星みたいに名まえのある大きな星の他に、望遠鏡でもたまにしか見えない小さなものも、何100倍とある。たとえばそういったものが一つ、星博士に見つかると、番号で呼ばれることになる。〈小惑星325〉という感じで。

　ちゃんとしたわけがあって、王子くんお住まいの星は、小惑星B612だと、僕は思う。前にも、1909年に、望遠鏡を覗いていたトルコの星博士が、その星を見つけている。

　그렇다고 해도 과장되게 말할 정도는 아니다. 지구, 목성, 화성, 금성처럼 이름이 있는 큰 별 외에도 망원경으로 봐도 가끔 보이는 작은 별들도 몇백 개나 있다. 예를 들어 천문학자가 그런 별 하나를 발견하면, 번호로 부르게 된다. 〈소행성 325〉 하는 식으로 말이다.

　나는 어린 왕자가 살던 별이 소행성 B612라고 생각하는데 거기에는 확실한 이유가 있다. 예전 1909년에 터키의 천문학자가 망원경을 보다가 그 별을 발견했다.

□ 大げさに 과장되게　□ ほど 정도　□ 地球 지구　□ 木星 목성　□ 火星
화성　□ 金星 금성　□ 他に 이외에　□ 望遠鏡 망원경　□ 倍 ~배, ~곱절
□ 星博士 천문학자　□ 見つかる (찾던 것을) 찾게 되다　□ 呼ぶ 부르다　□
住まい 주거, 사는 곳　□ 覗く (망원경이나 현미경 등으로) 보다　□ トルコ
터키

それで、世界星博士会議、というところで、見つけたことをきちんと発表したんだけど、身に付けている服のせいで、信じてもらえなかった。大人の人って、いつもこんなふうだ。

でも、小惑星B612は運がよくて、そのときの一番偉い人が、みんなにヨーロッパふうの服を着ないと死刑だぞ、というお触れを出した。1920年にその人は、お上品な召し物で、発表をやり直した。すると今度は、どこも誰もがうんうんと頷いた。

그래서 세계 천문학자 회의라는 곳에서 별을 발견하였다고 발표했지만, 그의 차림새 때문에 아무도 그를 믿어주지 않았다. 어른들이란 늘 이런 식이다.

하지만 소행성 B612는 운이 좋게도 당시 가장 높은 사람이 모두에게 양복을 입지 않으면 사형에 처하겠다는 고시를 내렸고, 1920년에 천문학자는 아주 번듯한 옷을 입고 다시 발표했다. 그랬더니 이번에는 모두가 '그렇군, 그렇군.' 하며 그의 말에 수긍하였다.

어린 왕자 小さな王子さま

□ 会議 회의 □ きちんと 정확히 □ 発表 발표 □ 身に付ける 몸에 걸치다 □ 服 옷 □ 信じる 믿다 □ もらう 받다 □ 運がいい 운이 좋다 □ 偉い 훌륭하다, 대단하다 □ ヨーロッパ 유럽 □ 着る 입다 □ 死刑 사형 □ お触れが出る (정부의) 고시가 나오다 □ 上品 고상하고 세련됨 □ 召し物 의복 (남의 옷의 높임말) □ やり直す 다시 하다, 고쳐 하다 □ 今度 이번 □ 頷く 수긍하다

　こうやって、小惑星B612のことを一々言ったり、番号の話をしたりするのは、大人のためなんだ。大人の人は、数字が大好きだ。この人たちに、新しい友だちができたよと言っても、中身のあることは何一つ聞いてこないだろう。つまり、「その子の声ってどんな声？好きな遊びは何なの？チョウチョは集めてる？」とは言わずに、「その子、いくつ？何人兄弟？体重は？お父さんはどれだけ稼ぐの？」とか聞いてくる。

　이렇게 소행성 B612에 대해 일일이 말하고 번호 이야기를 한 것은 어른을 위해서다. 어른들은 숫자를 매우 좋아한다. 어른들에게 새로운 친구가 생겼다고 말해도 중요한 것은 무엇 하나 묻지 않을 것이다. 즉, "그 아이의 목소리는 어떠니? 좋아하는 놀이는 뭐니? 나비를 수집하니?"가 아니라 "나이가 몇 살이니? 형제는 몇이야? 몸무게는? 아버지는 얼마나 버시니?"라고 묻는다.

어린 왕자 小さな王子さま

□ 一々 일일이 □ 数字 숫자 □ 好き 좋아함 □ 新しい 새롭다 □ つまり 즉, 결국 □ 遊び 놀이 □ チョウチョ 나비 □ 集める 모으다 □ 兄弟 형제 □ 体重 체중 □ 稼ぐ 돈을 벌다

それで分かったつもりなんだ。大人の人に、「すっごい家見たよ、ばら色のレンガでね、窓のそばにゼラニウムがあってね、屋根の上にもハトがたくさん……」と言ったところで、その人たちは、ちっともその家のことを思い描けない。こう言わなくちゃ。「10万フランの家を見ました。」すると「すばらしい！」とか言うから。

だから、僕がその人たちに、「小さな王子がいたって言い切れるのは、あの子には魅力があって、笑って、ヒツジをおねだりしたからだ。ヒツジをねだったんだから、その子がいたって言い切れるじゃないか。」とか言っても、何言ってるの、と子供扱いされてしまう！でもこう言ったらどうだろう。

「あの子の住む星は、小惑星B612だ。」そうしたら納得して、文句の一つも言わないだろう。大人ってこんなもんだ。恨んじゃいけない。大人の人に、子供は広い心を持たなくちゃ。

어른들은 그걸로 친구를 안 것이다. 어른에게 "엄청난 집을 봤어. 장밋빛 벽돌에 창문 옆에 제라늄이 있고 지붕 위에는 비둘기가 잔뜩 있어……"라고 말하면 어른들은 조금도 그 집을 머릿속에 그려낼 수 없다. 이렇게 말하지 않으면 안 된다. "10만 프랑짜리 집을 봤어요." 그러면 "대단하구나!"라고 말하는 것이다.

그래서 내가 그 사람들에게 "어린 왕자가 있었다고 확실히 말할 수 있는 이유는 그 아이는 매력 있고 잘 웃고 양을 달라고 졸랐기 때문이야. 양을 달라고 보챘기 때문에 그 아이가 실제로 있었다고 말할 수 있는 거 아니야."라고 말해도 무슨 말을 하는 거냐며 어린아이 취급을 받아 버린다! 하지만 이렇게 말하면 어떨까.

"그 아이가 사는 별은 소행성 B612야." 그러면 납득해서 반론은 한 마디도 나오지 않을 것이다. 어른들이란 그런 것이다. 그렇다고 어른을 원망해서는 안 된다. 어린이는 어른에게 넓은 마음을 가져야 한다.

어린 왕자 小さな王子さま

□ つもり ~한 셈 □ ばら 장미 □ レンガ 벽돌 □ 窓 창문 □ そば 곁, 옆
□ ゼラニウム 제라늄 □ 屋根 지붕 □ ハト 비둘기 □ 思い描く 마음에
그리다, 상상하다 □ 万 만 □ フラン 프랑(프랑스의 화폐) □ 言い切れる
단정할 수 있다 □ 魅力 매력 □ ねだり (무엇을 해 달라고) 조르다 □ 子供
扱い 어린애 취급 □ 納得 납득, 이해 □ 文句 불평, 이의 □ 恨む 원망하
다, 원한을 풀다 □ 広い 넓다

でももちろん、僕たちは生きることが何なのかよく分かっている
から、番号なんて気にしないよね！ できるなら、このお話を、僕
はおとぎ話ふうにはじめたかった。こう言えたらよかったのに。
「昔、気ままな王子くんが、自分よりちょっと大きめの星に住ん
でいました。その子は友だちがほしくて……」生きるってことをよ
く分かっている人には、こっちの方が、ずっともっともらしいと思
う。というのも、僕の本を、あまり軽軽しく読んでほしくないん
だ。この思い出を話すのは、とてもしんどいことだ。6年前、あの
ぼうやはヒツジと一緒にいなくなってしまった。ここに書こうとす
るのは、忘れたくないからだ。友だちを忘れるのは辛い。いつでも
どこでも誰でも、友だちがいるわけではない。僕も、いつ、数字の
大好きな大人の人になってしまうとも限らない。だからそのために
も、僕は絵の具と鉛筆を1ケース、久しぶりに買った。

물론 인생이 뭔지 알 만큼 아는 우리에게 번호 따위는 알 바 아니다! 가능하다면 나는
이 이야기를 동화처럼 시작하고 싶었다. 이렇게 했다면 좋았을 텐데.
"먼 옛날, 제멋대로 왕자가 자기보다 조금 더 큰 별에 살고 있었습니다. 그 아이는 친
구가 필요해서……." 삶에 대해 잘 알고 있는 사람에게는 이쪽이 훨씬 그럴듯할 것이
다. 나는 이 책이 너무 가볍게 읽히지 않았으면 한다. 이 추억을 말하는 것은 매우 힘든
일이다. 6년 전, 그 아이는 양과 함께 사라져 버렸다. 이곳에 쓰고자 하는 이유는 잊고
싶지 않아서다. 친구를 잊는다는 것은 슬프다. 언제나 어디서나 누구나 친구가 있지는
않다. 나도 언제가 숫자를 좋아하는 어른이 되어 버릴지도 모른다. 그 때문에라도 나
는 오랜만에 그림물감과 연필 한 케이스를 샀다.

□ おとぎ話 (아이들에게 들려주는) 옛날이야기 □ 昔 옛날 □ 方 방면, 방향
□ もっともらしい 그럴듯하다 □ 軽軽 (아주) 가볍게, 쉽게 □ 思い出 추
억 □ 話す 말하다, 이야기하다 □ しんどい 힘이 들다 □ 一緒に 같이, 함
께 □ 辛い 괴롭다 □ とは限らない 라고는 할 수 없다 □ 絵の具 그림물감
□ 鉛筆 연필 □ ケース 케이스, 상자 □ 久しぶり 오랜만 □ 買う 사다

この年でまた絵を描くことにした。最後に絵を描いたのは、中の見えないボアと中の見えるボアをやってみた、六歳のときだ。

当たり前だけど、なるべくそっくりに、あの子の姿を描くつもりだ。うまく描ける自信なんて、まったくない。一つ描けても、もう一つは全然だめだとか。大きさもちょっと間違ってるとか。王子くんがものすごくでかかったり、ものすごくちっちゃかったり。服の色も迷ってしまう。そうやってあれやこれや、うまくいったりいかなかったりしながら、頑張った。もっと大事な、細かいところも間違ってると思う。でもできれば大目に見てほしい。僕の友だちは、一つもはっきりしたことを言わなかった。僕を、似た者どうしだと思っていたのかもしれない。でもあいにく、僕はハコの中にヒツジを見ることができない。ひょっとすると、僕もちょっと大人の人なのかもしれない。きっと年を取ったんだ。

이 나이에 다시 그림을 그리기로 했다. 마지막으로 그림을 그린 것은 속이 보이지 않는 보아뱀과 속이 보이는 보아뱀을 그려본 여섯 살 때다.

당연하지만 가능한 한 똑같이 어린 왕자를 그릴 생각이다. 잘 그릴 자신은 전혀 없다. 하나를 그리면 다른 그림은 전혀 비슷하지 않다던가 몸 크기가 조금 다르거나 한다. 어린 왕자가 너무 크거나 작기도 하다. 옷 색깔도 망설이게 된다. 그렇게 해서 이래저래 잘 그렸다가 잘 그리지 못했다가 하면서 열심히 했다. 좀 더 중요하고 세세한 부분도 틀린 것 같다. 그래도 가능하다면 너그러이 봐주었으면 좋겠다. 내 친구는 무엇 하나 확실히 말하지 않았다. 나를 자기와 닮은 사람이라고 생각하고 있었는지도 모른다. 하지만 공교롭게도 나는 상자 속의 양을 볼 수 없다. 어쩌면 나도 조금은 어른이 되었는지도 모른다. 분명 나이를 먹은 것이다.

어린 왕자 小さな王子さま

□ 年 나이 □ 最後 최후, 맨 마지막 □ 当たり前 당연함, 마땅함 □ なる
べく 될 수 있는 한 □ そっくり 꼭 닮음 □ 自信 자신 □ 間違う 잘못되다
□ 頑張る 노력하다, 분발하다 □ 細かい 세세하다 □ 大目に見る (부족한
점이 있어도) 너그러이 봐주다 □ 似る 닮다 □ 者 사람, 것 □ どうし (접
미어적으로) 끼리 □ あいにく 공교롭게 □ ひょっとすると 어쩌면, 혹시
□ 年を取る 나이를 먹다

5

日に日にだんだん分かってきた。どんな星で、なぜそこを出るようになって、どういう旅をしてきたのか。どれも、取り留めなくしゃべっていて、なんとなくそういう話になったんだけど。そんなふうにして、3日目はバオバブの怖い話を聞くことになった。このときもヒツジがきっかけだった。王子くんは深い悩みでもあるみたいに、ふいに聞いてきたんだ。

「ねえ、本当なの、ヒツジが小さな木を食べるっていうのは。」

「ああ、本当だよ。」

「そう！よかった！」

ヒツジが小さな木を食べるってことが、どうしてそんなに大事なのか、僕には分からなかった。でも王子くんはそのまま続ける。

매일매일 조금씩 알게 되었다. 어린 왕자가 어떤 별에서 왔고 왜 그곳을 나오게 되었고 어떤 여행을 해 왔는지. 이야기를 두서없이 하다 보니 우연히 알게 되었지만 말이다. 그렇게 삼 일째 되던 날 바오밥나무에 대한 무서운 이야기를 듣게 되었다. 이때도 양이 계기가 되었다. 어린 왕자는 심각한 고민이라도 있는 듯이 불쑥 이런 질문을 해왔다.

"저기, 정말이야? 양이 작은 나무를 먹는다는 거 말이야."

"응, 사실이야."

"그렇구나! 잘 됐다!"

양이 작은 나무를 먹는다는 것이 왜 그렇게 중요한지 나는 알 수 없었다. 하지만 어린 왕자는 계속 이야기를 이어갔다.

□ 日に日 날마다, 하루하루 □ だんだん 차차, 점점 □ 旅 여행 □ 取り留
める 명확히 하다 □ バオバブ 바오밥(아프리카 원산의 거대한 나무) □ き
っかけ 동기, 계기 □ 深い 깊다 □ 悩み 괴로움, 고민 □ ふいに 갑자기,
별안간에, 느닷없이

「じゃあ、バオバブも食べる？」

　僕はこの王子くんに教えてさしあげた。バオバブっていうのは小

さな木じゃなくて教会の建物ぐらい大きな木で、そこにゾウの群れ

を連れてきても、たった1本のバオバブも食べきれやしないんだ、

って。ゾウの群れっていうのを、王子くんは面白がって、

「ゾウの上に、またゾウを乗せなきゃ……」

　と言いつつも、言うことはしっかり言い返してきた。

"그럼, 바오밥나무도 먹어?"

　나는 어린 왕자에게 가르쳐 주었다. 바오밥나무는 작은 나무가 아니라 교회 건물만

큼 큰 나무여서 코끼리 무리를 데리고 와도 단 한 그루의 바오밥나무도 다 먹을 수 없

다고. 어린 왕자는 코끼리 떼라는 말을 재밌어하며

"코끼리 위에 또 코끼리를 올려야겠네……."

　라고 하면서 말을 되받았다.

어린 왕자 小さな王子さま

□ 教える 가르치다 □ さしあげる 들어 올리다, ~해 드리다 □ 教会 교회
□ 建物 건물 □ 群れ 무리, 떼 □ 連れる 데리고 오[가]다 □ ~きれる 완
전히 ~할 수 있다 □ ~やしない 절대~하지않는다 □ 面白い 재미있다 □
~がる ~하게 여기다 □ 乗せる 태우다 □ ~つつ ~하면서 □ しっかり 똑
똑히, 정신 차려서 □ 言い返す 말대답하다

「バオバブも大きくなる前、元は小さいよね。」

「なるほど！でも、どうしてヒツジに小さなバオバブを食べてほしいの？」

するとこういう返事が返ってきた。「え！分かんないの！」当たり前だと言わんばかりだった。一人でずいぶん頭を使ったけど、ようやくどういうことなのか納得できた。

つまり、王子くんの星も、他の星もみんなそうなんだけど、いい草と悪い草がある。とすると、いい草の生えるいい種と、悪い草の悪い種があるわけだ。でも種は目に見えない。土の中でひっそり眠っている。起きてもいいかなって気になると、伸びていて、まずはお日さまに向かって、むじゃきでかわいいその芽を、おずおずと出していくんだ。ハツカダイコンやバラの芽なら、生えたままにすればいい。

"바오밥나무도 커지기 전에 원래는 작았겠지."

"그렇지! 그런데 왜 양에게 작은 바오밥나무를 먹이고 싶은 거야?"

그러자 이런 대답이 돌아왔다. "뭐! 모르겠어?" 당연하다고 말할 뿐이었다. 혼자서 몹시 머리를 굴려보고 나서야 겨우 왜 그런지 납득할 수 있었다.

즉, 어린 왕자의 별도 다른 별도 모두 좋은 풀과 나쁜 풀이 있다. 그렇다는 건 좋은 풀이 자라는 좋은 씨앗과 나쁜 풀이 자라는 나쁜 씨앗이 있는 것이다. 하지만 씨앗은 눈에 보이지 않는다. 땅속에 고요히 잠들어 있다. 이제 일어나도 되겠다는 기분이 들면 돋아 나와서 먼저 해님을 바라보며 순수하고 귀여운 싹을 쭈뼛쭈뼛 내민다. 순무나 장미의 싹은 그냥 자라게 놔두어도 된다.

□ 返事 대답, 응답 □ 言わんばかり 마치 ~하다는 듯이 □ ずいぶん 대단히 □ 頭 머리 □ ようやく 겨우, 가까스로 □ 生える (초목의 싹이나 가지 등이) 나오다 □ 種 종자, 씨앗 □ 土 땅 □ ひっそり 죽은 듯이 조용하고 쓸쓸한 모양, 고요히 □ 起きる 일어나다 □ 伸びる 자라다 □ お日さま 해님 □ 向かう 향하다 □ むじゃき 천진함, 순진함 □ 芽 싹 □ おずおず 주뼛주뼛, 머뭇머뭇 □ ハツカダイコン 순무

でも悪い草や花になると、見つけしだいすぐ、引っこ抜かないといけない。そして、王子くんの星には、恐ろしいタネがあったんだ。それがバオバブのタネ。そいつのために、星の地面の中は、めちゃくちゃになった。しかも、たった一本のバオバブでも、手おくれになると、もうどうやっても取り除けない。

星中に蔓延って、根っこで星に穴を開けてしまう。それで、もしその星が小さくて、そこがびっしりバオバブだらけになってしまえば、星は爆発してしまうんだ。

하지만 나쁜 풀이나 꽃은 발견하는 즉시 솎아 내야만 한다. 그리고 어린 왕자의 별에는 무서운 씨앗이 있었다. 그것은 바오밥나무의 씨앗. 바오밥나무 씨앗 때문에 별의 지면은 엉망이 된다. 게다가 단 한 그루의 바오밥나무라도 손이 늦어지면 어떻게 해도 뽑아낼 수 없게 된다.

별 전체를 무성히 덮어버리고 뿌리로 별에 구멍을 뚫어버린다. 그래서 만약 그 별이 작아 바오밥나무로 빽빽하게 덮여버리면 별은 폭발해 버리고 마는 것이다.

□ ~しだい ~하는 즉시 □ 引っこ抜く(=引き抜く) (잡아) 뽑다 □ 恐ろしい 두렵다, 무섭다 □ 地面 땅, 지면 □ めちゃくちゃ 엉망진창 □ 手おくれ 때를 놓침, 때늦음 □ 取り除く 없애다, 제거하다 □ 蔓延る 초목 등이 번성하다 □ 根っこ 뿌리 □ 穴を開ける 구멍을 내다 □ びっしり 빽빽이 □ ~だらけ ~투성이 □ 爆発 폭발

「きっちりしてるかどうかだよ。」というのは、また別のときの、王子くんのお言葉。「朝、自分のみだしなみが終わったら、星のみだしなみも丁寧にすること。小さいときは紛らわしいけど、バラじゃないって分かった時点で、バオバブをこまめに引き抜くようにすること。やらなきゃいけないのは、面倒と言えば面倒だけど、簡単と言えば簡単なんだよね。」

　またある日には、一つ、僕んとこの子供たちがずっと忘れないような、立派な絵を描いて見ないかと、僕に持ち掛けてきた。その子は言うんだ。「いつか旅に出たとき、役に立つよ。やらなきゃいけないことを、延ばし延ばしにしてると、時々具合の悪いことがあるよね。それがバオバブだったら、絶対ひどいことになる。こんな星があるんだ、そこには怠け者が住んでて、小さな木を３本放って置いたんだけど……」

　　"확실히 하냐 안 하냐의 문제야."라고 나중에 어린 왕자는 말했다. "아침 단장이 끝나면 별의 단장도 정성스럽게 할 것. 작은 싹일 때는 헷갈리지만, 장미가 아니라는 것을 알아낸 시점에서는 바오밥나무 싹을 자주 솎아낼 것. 꼭 해야 할 일은 귀찮다고 하면 귀찮지만, 간단하다면 간단한 것이기도 해."
　　또 어떤 날에는 나와 아이들이 계속 잊지 않을 멋진 그림을 하나 그려 보면 어떠냐고 내게 제안했다. 어린 왕자는 말한다. "언젠가 여행을 떠날 때 도움이 될 거야. 해야만 하는 일을 차일피일 뒤로 미루면 때때로 좋지 않은 상황이 될 수도 있어. 그게 바오밥나무라면 틀림없이 끔찍한 일이 될 거야. 이런 별이 있었어, 그 별에는 게으름뱅이가 살고 있었는데 작은 나무 세 그루를 내버려뒀더니……."

어린 왕자 小さな王子さま

□ きっちり 일을 정확하고 확실하게 하는 모양　□ みだしなみ 단정한 몸가
짐, 차림새　□ 終わる 끝나다　□ 丁寧 주의 깊고 신중함　□ 紛らわしい 헷
갈리기 쉽다　□ 時点 시점　□ こまめに 여러 번, 자주　□ 面倒 번거로움, 성
가심　□ 簡単 간단　□ 立派 훌륭함　□ 持ち掛ける 말을 꺼내다, 권유하다
□ いつか 언젠가　□ 延ばし延ばしにする 차일피일 미루다　□ 時々 가끔,
때때로　□ 具合が悪い 상태가 좋지 않다　□ 絶対 절대　□ 怠け者 게으름뱅
이　□ 本 풀이나 나무를 세는 말, 그루　□ 放って置く 내버려 두다, 방치하다

というわけで、僕は王子くんの仰せのまま、ここにその星を描いた。偉そうに言うのは嫌いなんだけど、バオバブが危ないってことは全然知られてないし、一つの星にいて、そういうことを軽く考えていると、めちゃくちゃ危険なことになる。だから、珍しく、思い切って言うことにする。行くよ、「子供のみなさん、バオバブに気をつけること！」

バオバブの木
바오밥나무

　그래서 나는 어린 왕자의 분부대로 여기에 그 별을 그렸다. 대단한 척 말하는 것은 싫지만, 바오밥나무가 위험하다는 것은 전혀 알려지지 않았고 하나의 작은 별이라도 그것을 가볍게 여겨 버리면 엄청나게 위험한 일이 된다. 그래서 나는 이례적으로 과감하게 말하고자 한다. 자, 간다. "어린이 여러분! 바오밥나무를 조심하세요!"

어린 왕자 小さな王子さま

□ 仰せ 분부, 명령 □ 偉そうに 잘난 체하는 □ 嫌い 싫어하다 □ 危険 위험 □ 珍しい 드물다, 이례적이다 □ 思い切って 큰맘 먹고, 실컷 □ 気をつける 정신을 차리다, 조심하다

これは、僕の友だちのためでもある。その人たちはずっと前から、すぐそばに危険があるのに気が付いてない。だから僕は、この絵を描かなきゃいけない。ここで戒めるだけの値打ちがある。そう、みんなはこんなことを不思議に思うかもしれない。

「どうしてこの本には、こういう大きくて立派な絵が、バオバブの絵だけなんですか？」答えはとっても簡単。やってみたけど、うまくいかなかった。バオバブを描いたときは、ただもう、すぐにやらなきゃって、一生懸命だったんだ。

이것은 내 친구를 위해서이기도 하다. 그 사람들은 훨씬 전부터 바로 옆에 위험이 도사리고 있다는 것을 깨닫지 못하고 있다. 그래서 나는 이 그림을 그려야만 한다. 이건 훈계할 만한 값어치가 있다. 그리고 다들 신기하게 생각할지도 모른다.

"어째서 이 책에는 크고 멋진 그림이 바오밥나무 그림뿐인가요?" 대답은 너무도 간단하다. 그리려고 해봤지만 잘되지 않았다. 바오밥나무를 그렸을 때는 그저 빨리 그려야 한다는 마음으로 정말 열심히 했다.

어린 왕자 小さな王子さま

□ 気が付く 깨닫다, 알아차리다   □ 戒める 훈계하다   □ 値打ちがある 값
나가다, 가치가 있다   □ 一生懸命 목숨 걸고 열심히 함

6

ねえ、王子くん。こんなふうに、ちょっとずつ分かってきたんだ。君が寂しく、ささやかに生きてきたって。ずっと君には、穏（おだ）やかな夕ぐれしか、癒（いや）されるものがなかった。このことをはじめて知ったのは、４日目の朝、そのとき、君は僕に言った。

「夕ぐれが大好（だいす）きなんだ。夕ぐれを見に行こう。」

「でも、待（ま）たなきゃ……」

「何を待つの？」

「夕ぐれを待つんだよ。」

とてもびっくりしてから、君は自分を笑ったのかな。こう言ったよね。

　아아, 어린 왕자. 이렇게 나는 너의 작고 슬픈 삶을 조금씩 이해하게 된 거야. 너에게는 언제나 온화한 저녁노을밖에 위로받을 데가 없었지. 이 사실을 처음 알게 된 것은, 나흘째 되는 날 아침에 네가 이렇게 말했을 때였어.
　"저녁노을이 좋아. 저녁노을을 보러 가자."
　"하지만, 기다려야 해……."
　"뭘 기다려?"
　"저녁노을을 기다려야지."
　어린 왕자는 매우 놀라서는 이내 스스로에 대해 웃었다. 그리고 이렇게 말했다.

「てっきりまだ、僕んちだと思ってた！」

なるほど。ご存じの通り、アメリカで真昼のときは、フランスでは夕ぐれ。だからあっという間にフランスへ行けたら、夕ぐれが見られるってことになる。でもあいにく、フランスはめちゃくちゃ遠い。だけど、君の星では、てくてくとイスを持って歩けば、それでいい。そうやって君は、いつでも見たいときに、暮れ行くお日さまを見ていたんだ。

「1日に、44回も夕ぐれを見たことがあるよ！」

と言ったすこし後に、君はこう付け加えた。

「そうなんだ……人はすっごく切なくなると、夕ぐれが恋しくなるんだ……」

「その44回眺めた日は、じゃあすっごく切なかったの？」

だけどこの王子くんは、返事をなさらなかった。

"나는 내가 아직 우리 집에 있는 줄 알았어!"

하긴, 알다시피 미국에서 정오일 때 프랑스는 해 질 녘이 된다. 그래서 프랑스에 순식간에 갈 수 있다면 저녁노을을 볼 수가 있다. 하지만 공교롭게도 프랑스는 너무 멀다. 그러나 어린 왕자가 사는 별에서는 터벅터벅 의자를 걸고 조금만 걸으면 노을을 볼 수가 있다. 그렇게 어린 왕자는 언제나 보고 싶을 때 저물어가는 해님을 보고 있었다.

"하루에 마흔네 번이나 노을을 본 적이 있어!"

그렇게 말하고 조금 지난 후에 어린 왕자는 이렇게 덧붙였다.

"그렇구나……사람은 아주 슬퍼지면 노을이 보고 싶어지는 거구나…….."

"그럼 마흔네 번 노을을 바라본 그날은 매우 슬펐었니?"

하지만 어린 왕자는 아무 대답도 하지 않았다.

어린 왕자 小さな王子さま

□ てっきり 틀림없이, 꼭 □ ご存じ 알고 계심(存じ의 높임말) □ ~通り ~ 대로 □ アメリカ 미국 □ 真昼 한낮, 대낮 □ あっという間に 눈 깜짝할 사이에 □ めちゃくちゃ 너무, 엄청, 매우 □ てくてく 터벅터벅 □ 歩く 걷다 □ 暮れ行く (해가) 저물어 가다 □ 付け加える 덧붙이다, 첨가하다 □ 切ない 애달프다, 애절하다 □ 恋しい 그립다 □ 眺める 바라보다, 조망하다, 멀리 보다

5日目、またヒツジのおかげで、この王子くんに纏わる謎が、一つ明らかになった。その子は、何の前置きもなく、いきなり聞いてきたんだ。ずっと一人で、うーんと悩んでいたことが、解けたみたいに。

「ヒツジが小さな木を食べるんなら、花も食べるのかな？」

「ヒツジは目に入ったものみんな食べるよ。」

「花にトゲがあっても？」

「ああ。花にトゲがあっても。」

「じゃあ、トゲは何のためにあるの？」

닷새째 되는 날, 또 양 덕분에 어린 왕자에 얽힌 비밀 하나를 알게 되었다. 어린 왕자는 아무 예고도 없이 갑자기 내게 물어왔다. 줄곧 혼자서 '음-'하고 고민했던 것이 풀린 것처럼.

"양이 조그마한 나무를 먹는다면 꽃도 먹을까?"

"양은 눈에 들어온 거는 뭐든지 먹어."

"꽃에 가시가 있어도?"

"응, 꽃에 가시가 있어도."

"그럼 가시는 무엇 때문에 있는 거야?"

□ おかげ 덕분　□ 纏わる 얽히다, 관련되다　□ 謎 수수께끼, 불가사의
□ 明らか 분명함　□ 前置 서론, 머리말　□ 解ける 풀리다　□ 目に入る 눈
에 들어오다, 보이다　□ トゲ 가시

分からなかった。そのとき僕は、エンジンの固く締まったネジを

外そうと、もう手いっぱいだった。しかも気が気でなかった。どう

も、手ひどくやられたらしいということが分かってきたし、最悪、

飲み水がなくなることもあるって、本当に思えてきたからだ。

「トゲは何のためにあるの？」

王子くんは質問を一度はじめたら、絶対おやめにならない。僕

は、ネジでいらいらしていたから、いいかげんに返事をした。

「トゲなんて、何の役にも立たないよ、単に花が意地悪したいん

だろ！」

「えっ！」

すると、だんまりしてから、その子は恨めしそうに突っかかてき

た。

　나는 알지 못했다. 그때의 나는 엔진의 꽉 조여진 나사를 푸는 것만으로 이미 벅찼다. 더욱 정신을 못 차린 이유로는 엔진의 고장이 상당히 심각하다는 것을 알게 되기도 했고, 최악으로 마실 물이 바닥날지도 모른다는 생각이 들었기 때문이다.

　"가시는 무엇을 위해 있는 거야?"

　어린 왕자는 한 번 질문하기 시작하면 절대 멈추지 않는다. 나는 나사 때문에 조바심이 나 있었기 때문에 적당히 대답했다.

　"가시 같은 건 아무짝에도 쓸모없어, 그냥 꽃이 심술궂어서인 거야!"

　"뭐?!"

　잠시 침묵한 뒤 어린 왕자는 원망스러운 듯 덤벼들듯이 말했다.

어린 왕자 小さな王子さま

□ 固い 단단하다, 딱딱하다 □ 締まる 단단히 죄이다 □ ネジ 나사 □ 外
す 떼다 □ 手いっぱい 힘에 부침 □ 気が気でなかった (걱정이 되어) 안절
부절 못하다, 제정신이 아니다 □ どうも 도무지 □ 手ひどい 몹시 심하다,
호되다 □ 最悪 최악 □ 質問 질문 □ 度 ~번(횟수) □ やめる 그만두다,
중지하다 □ いらいら 안달복달하는 모양, 초조한 모양 □ いいかげん 적당
함, 알맞음 □ 単に 단지, 그저 □ 意地悪 심술궂음 □ だんまり 무언, 침묵
□ 恨めしい 원망스럽다 □ 突っかかる 달려들다, 덤벼들다

「ウソだ！花はか弱くて、むじゃきなんだ！どうにかして、ほっと
したいだけなんだ！トゲがあるから、危ないんだぞって、思いたい
だけなんだ……」

　僕は、何も言わなかった。かたわらで、こう考えていた。『このネ
ジがてこでも動かないんなら、いっそ、金槌でふっとばしてやる。』

　でも、この王子くんは、また僕の考えを邪魔なさった。

「君は、本当に君は花が……」

「やめろ！やめてくれ！知るもんか！いいかげんに言っただけだ。
僕には、ちゃんとやらなきゃいけないことがあるんだよ!」

　その子は、僕をぽかんと見た。「ちゃんとやらなきゃ?!」

　その子は僕を見つめた。エンジンに手を掛け、指は古いグリスで
黒く汚れて、不格好な置物の上に屈んでいる、そんな僕のことを。

　"거짓말이야! 꽃은 가냘프고 순수하단 말이야! 어떻게든 안심하고 싶을 뿐이야! 가시
가 있으니까 장미 자신이 위험한 존재라고 생각하고 싶을 뿐이야……."
　나는 아무 말도 하지 않았다. 한편으로는 이런 생각을 하고 있었다. '이 나사가 아무
리 해도 꿈쩍도 하지 않는다면 쇠망치로 날려 버려야지.'
　하지만 어린 왕자는 또다시 내 생각을 흐트러놓았다.
　"아저씨는, 정말 아저씨는 꽃이……."
　"그만해! 그만해줘! 알 게 뭐야! 적당히 대답했을 뿐이라고. 지금 나는 제대로 해야
하는 일이 있어!"
　어린 왕자는 나를 멍하니 쳐다봤다. "제대로 해야 하는 일?!"
　어린 왕자는 나를 바라보았다. 엔진에 손을 얹고 손가락은 낡은 윤활유로 까맣게 더
럽혀지고 볼품없는 물체 위에 몸을 구부리고 있는 그런 나의 모습을 말이다.

어린 왕자 小さな王子さま

□ ウソ 거짓말 □ か弱い 연약하다, 가냘프다 □ ほっとする 마음이 놓이다 □ かたわら ~함과 동시에, ~하는 한편 □ てこでも動かない 꼬떡도 않다 □ いっそ 도리어, 차라리 □ 金槌 쇠망치 □ ふっとばす 세차게 날려버리다 □ ぽかんと 멍하니 있는 모양 □ 手を掛ける 자기 자신이 하다, 노력·시간을 들이다 □ 指 손가락 □ 古い 오래되다 □ グリス 진득진득한 윤활유 □ 黒い 검다 □ 汚れる 더러워지다, 불결해지다 □ 不格好 꼴이 흉함, 볼품이 없음 □ 屈む (몸을) 굽히다, 웅크리다

「大人の人みたいな、しゃべり方！」

僕はちょっと恥ずかしくなった。でも、ようしゃなく言葉が続く。

「君は取り違えてる…… みんないっしょくたにしてる！」

その子は、本気で怒っていた。黄金色の髪の毛が、風になびいていた。

「真っ赤なおじさんのいる星があったんだけど、その人は花の匂いも嗅がないし、星も眺めない。人を好きになったこともなくて、たし算の他は何にもしたことがないんだ。1日中、君みたいに、繰り返すんだ。『私は、ちゃんとした人間だ！』それで、鼻を高くする。でもそんなの、人間じゃない、そんなの、キノコだ！」

「な、何？」

「キノコ！」

"어른들 같은 말투네!"

나는 조금 부끄러워졌다. 하지만 그 아이는 가차 없이 말을 이어갔다.

"아저씨는 착각하고 있어…… 모든 것을 엉망으로 만들고 있다고!"

어린 왕자는 진심으로 화를 내고 있었다. 황금빛 머리카락이 바람에 흩날리고 있었다.

"빨간 아저씨가 사는 별이 있는데, 그 아저씨는 꽃향기를 맡지도 않고 별도 바라보지 않아. 사람을 좋아해 본 적도 없고 덧셈 말고는 아무것도 한 적이 없어. 하루 종일 당신처럼 반복하기만 해. '나는 번듯한 사람이야!' 생각하면서 콧대 높게 굴지. 하지만 그런 건 인간이 아니야. 그건 버섯이야!"

"뭐, 뭐라고?"

"버섯이라고!"

□ 方 방법, 방식 □ 恥ずかしい 부끄럽다 □ ようしゃなく 가차없이 □
取り違える 혼동하다 □ いっしょくた 엉망으로 함 □ 本気 진심 □ 怒る
성내다, 화내다 □ 黄金色 황금 빛 □ 髪の毛 머리카락 □ 風になびく 바
람에 날리다 □ 真っ赤 새빨감 □ おじさん 아저씨 □ 匂い 냄새, 향기 □
嗅ぐ 냄새 맡다 □ たし算 덧셈 □ 繰り返す 되풀이하다, 반복하다 □ 人
間 인간 □ 鼻を高くする 자랑하다 □ キノコ 버섯

この王子くん、すっかりご立腹だ。

「100万年前から、花はトゲを持ってる。100万年前から、ヒツジはそんな花でも食べてしまう。だったらどうして、それをちゃんと分かろうとしちゃいけないわけ? 何で、ものすごく頑張ってまで、そのなんの役にも立たないトゲを、自分のものにしたのかって。ヒツジと花の喧嘩は、大事じゃないの? 太った赤いおじさんのたし算の方がちゃんとしてて、大事だって言うの? たった一つしかない花、僕の星の他にはどこにもない、僕だけの花が、僕にはあって、それに、小さなヒツジが1匹いるだけで、花を食べ尽くしちゃうこともあるって、しかも、自分のしてることも分からずに、朝、ふっとやっちゃうことがあるって分かってたとしても、それでもそれが、大事じゃないって言うの?」

어린 왕자는 완전히 화가 나 있었다.
"100만 년 전부터 꽃은 가시를 갖고 있어. 100만 년 전부터 양들은 그런 꽃이라도 먹어. 그렇다면 왜 그걸 제대로 알려고 하면 안 되는 거야? 왜 꽃은 그토록 애를 쓰면서 아무 쓸모 없는 가시를 자신의 것으로 만들었는지 말이야. 양과 꽃의 싸움은 중요하지 않은 거야? 뚱뚱한 빨간 아저씨의 덧셈 같은 것만 제대로 된 것이라며 중요하다고 말하는 거야? 내게는 단 하나뿐인 꽃, 내 별 이외에는 어디에도 없는 꽃이 있는데, 작은 양이 단 한 마리 있는 것만으로도 양이 꽃을 먹어버릴 수도 있다고, 게다가 양이 자신이 무슨 일을 하는지도 모른 채 갑자기 꽃을 먹어버릴지도 모른다는 걸 안다고 해도 그래도 그게 중요하지 않다고 말할 수 있어?"

어린 왕자 小さな王子さま

□ すっかり 아주, 완전히　□ ご立腹だ 진노하다　□ 喧嘩 다툼, 싸움, 분쟁
□ 太る 살찌다　□ ~匹(ひき) 짐승·물고기·벌레 따위를 세는 말, 마리　□ 食
べ尽くす 먹어치우다　□ ふっと 갑자기, 훅

その子は真っ赤になって、しゃべり続ける。

「誰かが、200万の星の中にも二つとない、どれか一輪の花を好き
になったんなら、その人はきっと、星空を眺めるだけで幸せになれ
る。『あのどこかに、僕の花がある……』って思えるから。でも、
もしこのヒツジが、あの花を食べたら、その人にとっては、まる
で、星全部が、いきなりなくなったみたいなんだ! だから、それは
大事じゃないって言うの、ねえ!」

어린 왕자는 얼굴이 새빨개져서 계속 말했다.
"누군가가 200만 개의 별 중에서 하나뿐인, 어느 꽃 한 송이를 좋아하게 되었다면, 그
사람은 분명 별이 수 놓인 하늘을 바라보는 것만으로 행복할 거야. '저기 어딘가에 내
꽃이 있어…….'라고 생각할 테니까. 그렇지만 만약 이 양이 그 꽃을 먹으면, 그 사람에
게는 마치 별 전부가 갑자기 없어진 것과 같아! 그런데도 그게 중요하지 않다는 거잖
아, 그렇지!"

어린 왕자 小さな王子さま

□ 二つとない 둘도 없다(하나뿐인) □ ~輪 꽃을 세는 말, ~송이 □ 星空
별이 총총한 하늘 □ 幸せ 행복, 행운 □ とって ~로서, ~에 있어서 □ ま
るで 마치

その子は、もう何も言えなかった。いきなり、わあっと泣き出した。夜が落ちて、僕は道具を手放した。何だか、どうでもよくなった。エンジンのことも、ネジのことも、喉の渇きも、死ぬことさえも。一つの星、一つの惑星、僕の居場所, この地球の上に、一人の気ままな王子くんが、いじらしく立っている。

僕はその子を抱き締め、ゆっくりとあやした。その子に言った。

「君の好きな花は、何も危なくなんかない…… ヒツジに口輪を描いてあげる、君のヒツジに…… 花を守るものも描いてあげる……あと……」

どう言っていいのか、僕にはよく分からなかった。自分は、何て不器用なんだろうと思った。どうやったら、この子と心が通うのか、僕には分からない…… すごく不思議なところだ、涙の国って。

어린 왕자는 더 이상 말을 이을 수 없었다. 갑자기 울음이 터져 나왔기 때문이다. 밤이 깊어지고 나는 연장을 내려놓았다. 어쩐지 더 이상 어떻게 돼도 상관없다는 마음이 들었다. 엔진도, 나사도, 목마름도, 죽음조차도. 하나의 별, 하나의 혹성, 내가 있는 곳, 이 지구 위에서 한 명의 제멋대로 왕자가 애처롭게 서 있다.

나는 어린 왕자를 끌어안고 조심스럽게 달래주었다. 그에게 말했다.

"네가 좋아하는 꽃은 전혀 위험하지 않아……양에다가 부리망을 그려줄게. 너의 양에다가……꽃을 지키는 것도 그려줄게……그리고 또……."

어떤 말을 하면 좋을지 알 수 없었다. 나는 정말 서투르다고 생각했다. 어떻게 하면 어린 왕자의 마음에 닿을 수 있을지 나는 잘 모른다……눈물의 나라라는 건 이토록 신비로운 것이다.

□ 泣き出す 울기 시작하다 □ 道具 연장, 도구 □ 手放す 손을 놓다, 손을 떼다 □ 渇き 갈증 □ さえ ~까지도 □ 居場所 있는 곳, 거처 □ いじらしい 애처롭다 □ 立つ 서다 □ 抱き締める 꽉 껴안다, 부둥켜안다 □ あやす 어린아이를 어르다, 달래다 □ 口輪 (가축 따위의 입에 씌우는) 부리망, 재갈 □ 守る 지키다 □ 不器用 서투름, 요령없음 □ 心が通う 마음이 서로 통하다 □ 涙 눈물 □ 国 나라

ほどなくして、その花のことがどんどん分かっていった。王子くんの星には、とても慎ましい花があった。花びらが一回りするだけの、ちっとも場所を取らない花だ。朝、気が付くと草の中から生えていて、夜にはなくなっている。でも、あの子の言った花はそれじゃなくて、ある日、どこからかタネが運ばれてきて、芽を出したんだ。王子くんは間近で、その小さな芽を見つめた。今まで見てきた花の芽とは、全然違っていた。また別のバオバブかも知れなかった。

でも、茎はすぐ伸びるのをやめて、花になる準備をはじめた。王子くんは、大きな蕾がつくのを目の当たりにして、花が開くときはどんなにすごいんだろうと、わくわくした。けれど、その花はみどり色の部屋に入ったまま、なかなかおめかしをやめなかった。

얼마 지나지 않아, 그 꽃에 대해 조금씩 알게 되었다. 어린 왕자의 별에는 매우 조신한 꽃이 있었다. 꽃잎이 한 겹뿐인 자리를 조금도 차지하지 않는 꽃이다. 아침에 보면 풀 속에서 자라 밤에는 사라지는 꽃이 아니라 어린 왕자가 말한 꽃은 어느 날, 어딘가에서 꽃씨가 날아와서 싹을 틔웠다. 어린 왕자는 금세 그 싹을 발견했다. 지금까지 보아왔던 싹과는 전혀 달랐다. 새로운 종의 바오밥나무일지도 몰랐다.

하지만 줄기는 곧 성장을 멈추고 꽃이 될 준비를 했다. 어린 왕자는 커다란 꽃봉오리가 맺는 것을 눈앞에서 보면서 꽃이 피면 얼마나 멋질까 하고 설레었다. 하지만 꽃은 초록색 방에 들어간 채 좀처럼 치장을 멈추지 않았다.

□ ほどなくして 머지않아, 곧 □ どんどん 척척, 일사천리로 □ 慎ましい 수줍다, 조신하다 □ 花びら 꽃잎 □ 一回り 한바퀴 돎 □ 場所を取る 장소를 차지하다 □ 運ぶ 운반하다 □ 芽 싹 □ 間近 (시간이나 거리가) 아주 가까움 □ 茎 줄기, 대 □ 準備 준비 □ 蕾がつく 꽃봉오리가 맺히다 □ 目の当たりにする (시간이나 거리가) 아주 가까움 □ 花が開く 꽃이 피다 □ みどり 초록색 □ 部屋 방 □ おめかし 치장, 모양을 냄, 멋을 부림

どんな色がいいか、じっくりと選び、ちまちまと服を着て、花びらを一つ一つ整えていく。ひなげしみたいに、しわくちゃのまま出たくなかった。きらきらと輝くくらい、きれいになるまで、花を開きたくなかった。そうなんだ、その花はとってもおしゃれさんなんだ! だから、隠れたまま、何日も何日も、身支度を続けた。ようやく、ある朝、ちょうどお日さまが昇るころ、ぱっと花が開いた。

あまりに気を配りすぎたからか、その花はあくびをした。

「ふわあ。目が覚めたばかりなの…… ごめんなさいね…… まだ、髪がくしゃくしゃ……」

そのとき、王子くんの口から、思わず言葉が衝いて出た。

「き、きれいだ!」

어떤 색이 좋을지 곰곰이 고르고 작고 아담한 옷을 입고 꽃잎을 하나하나 다듬어 간다. 개양귀비처럼 구겨진 채로 나가고 싶지 않았다. 반짝반짝 빛날 정도로 아름다워질 때까지는 꽃을 피우고 싶지 않았다. 그렇다, 이 꽃은 매우 멋쟁이인 것이다! 그래서 감춰진 채로 며칠이고 치장을 계속했다. 드디어 어느 날 아침 해가 뜰 무렵 꽃이 활짝 피었다.

너무나 치장에 신경을 쓴 탓인지 꽃은 하품했다.

"흐아암~ 이제 막 잠에서 깼어……미안해요……아직 머리가 헝클어져 있어서……."

그때 어린 왕자의 입에서 무심코 말이 튀어나왔다.

"예, 예쁘다!"

□ じっくり 차분히, 곰곰이 □ 選ぶ 고르다 □ ちまちま 작고 아담한 모양 □ 整える 정돈하다, 단정히 하다 □ ひなげし 개양귀비 □ しわくちゃ 주름이 많은 모양, 몹시 구겨진 모양 □ 輝く 빛나다 □ きれい 아름다움 □ おしゃれ 멋을 냄, 멋쟁이 □ 隠れる 숨다 □ 身支度 치장, 몸차림 □ ちょうど 꼭, 마치 □ 気を配る 신경쓰다 □ あくび 하품 □ 目が覚める 잠이 깨다, 눈이 뜨이다 □ くしゃくしゃ 구김살투성이인 모양, 쭈글쭈글 □ 口を衝いて出る 말이 갑자기[무심결에] 입 밖으로 튀어나오다

「そうね。」と花はなにげなく言った。「お日さまと一緒に咲いたもの」

この花、あまりつつましくもないけど、心が揺さぶられる…… と王子くんは思った。

そこへすぐ、花の言葉。「朝のお食事の時間じゃなくて。このまま私は放って置かれるの?」

王子くんは、申し訳なくなって、冷たい水の入ったじょうろを取ってきて、花に水をやった。

こんな調子で、ちょっとうたぐり深く、見えっ張りだったから、その花はすぐに、その子を困らせるようになった。たとえばある日、花はこの王子くんに、四つのトゲを見せて、こう言った。

"그럼." 꽃은 아무렇지 않게 말했다. "해님과 함께 피었는걸!"

이 꽃은 그다지 조신하지는 않지만, 마음을 뒤흔드는구나……하고 어린 왕자는 생각했다.

그때 꽃이 말했다. "아침인데도 식사를 주지 않고 이대로 나를 내버려둘 거야?"

어린 왕자는 미안해져서 찬물이 담긴 물뿌리개를 가져와 꽃에 물을 주었다.

이렇게 조금 의심스럽고 허세를 부렸기에 꽃은 곧 어린 왕자를 곤란하게 만들었다.

예를 들면 어느 날 꽃은 어린 왕자에게 네 개의 가시를 보이며 이렇게 말했다.

□ なにげなく 무심코 □ 咲く (꽃이) 피다 □ つつましい 조신하다, 얌전하다 □ 揺さぶる (뒤)흔들다, 감동하다 □ 食事 식사 □ 時間 시간 □ 申し訳ない 미안하다, 변명할 여지가 없다 □ 冷たい 차다 □ じょうろ 물뿌리개 □ 水をやる (가축·화초 등에) 물을 주다 □ 調子 상태, 기세, 컨디션 □ うたぐり深い 의심이 많다 □ 見えっ張り 허세 부림 □ 困る 곤란하다

「爪を立てたトラが来たって、平気。」

「トラなんて、僕の星にはいないよ。」と王子くんは言い返した。

「それに、トラは草なんて食べない。」

「あたし、草じゃないんだけど。」と花はなにげなく言った。

「ごめんなさい……」

「トラなんて怖くないの、ただ、風に当たるのは大っ嫌い。ついたてでもないのかしら？」

『風に当たるのが嫌いって……やれやれ、困った花だ。この花、とっても気難しいなあ』と王子くんは思った。

"발톱을 세운 호랑이가 온다 해도 끄떡없어."
"내 별에 호랑이는 없어." 어린 왕자는 대꾸했다.
"게다가 호랑이는 풀 같은 건 먹지 않는다고."
"나는 풀이 아닌데." 꽃은 태연하게 말했다.
"미안……."
"호랑이 따위는 무섭지 않아, 하지만 바람을 맞는 건 질색이야. 바람막이 같은 건 없을까?"
'바람을 맞는 것이 싫다니……거참, 골치 아픈 꽃이군. 이 꽃은 정말 까다롭구나.' 하고 어린 왕자는 생각했다.

어린 왕자 小さな王子さま

□ 爪 손톱, 발톱 □ 立てる 세우다 □ トラ 호랑이 □ 平気 아무렇지 않음
□ あたし [속어] [여성어] 나, 저 □ 風に当たる 바람을 쐬다 □ 大っ嫌い
아주 싫다 □ ついたて (방의) 칸막이, 가리개 □ やれやれ 아이고, 맙소사
□ 気難しい 성미가 까다롭다

「夜には、ガラスの覆いをかけてちょうだい。あなたのお家、すっごく寒い。居心地悪い。あたしの元いたところは……」

と、ここで花は話をやめた。花はタネの形でやってきた。他のところなんて、分かるわけなかった。ついむじゃきにウソを言ってしまいそうになったので、恥ずかしくなったけど、花はえへんえへんと咳をして、王子くんのせいにしようとした。

「ついたては……？」

「取りに行こうとしたら、君がしゃべったんじゃないか！」

"밤에는 유리 덮개를 씌워 줘. 네 별은 너무 추워. 지내기 좋지 않아. 내가 원래 있던 곳은…….."

꽃은 말하다 말을 멈췄다. 꽃은 씨앗의 형태로 왔다. 다른 곳이라니 알 리가 없었다. 무심결에 순진하게 거짓말을 할 뻔해서 부끄러워졌지만, 꽃은 '으흠, 으흠' 하고 헛기침하며 어린 왕자의 탓으로 돌리려 했다.

"바람막이는……?"

"가지러 가려던 참에 네가 말했잖아!"

□ ガラス 유리 □ 覆い 덮개 □ 居心地が悪い (있기에) 거북하다 □ 形 모
양, 형태 □ つい 무심코 □ むじゃき 순진함, 천진함 □ むじゃきに 순진
하게, 천진스레 □ 咳 기침

また花は、わざとらしくえへんとやった。その子に押し付けるのは、うしろめたかったけど。

　これだから、王子くんは、まっすぐ花を愛していたけど、すぐ信じられなくなった。大した事のない言葉も、ちゃんと受け止めたから、すごく辛くなっていった。

　「聞いちゃいけなかった。」って、あるとき、その子は僕に言った。「花は聞くものじゃなくて、眺めて、匂いを嗅ぐものだったんだ。僕の花は、僕の星を、いい匂いにした。でも、それを楽しめばいいって、分かんなかった。爪の話にしても、ひどくいらいらしたけど、気もちを分かってあげなくちゃいけなかったんだ。」

　まだまだ話は続いた。

　그러자 꽃은 일부러 더 '에헴' 하고 기침했다. 어린 왕자에게 떠넘기는 게 꺼림칙했지만 말이다.
　그래서 어린 왕자는 올곧게 꽃을 사랑했지만, 이내 꽃을 믿을 수 없게 되었다. 대수롭지 않은 말을 진지하게 받아들여서 매우 불행해졌다.
　"듣지 말았어야 했어." 어느 날 어린 왕자는 나에게 말했다. "꽃은 듣는 것이 아니라 바라보고 향기를 맡는 것이었어. 나의 꽃은 나의 별을 향기롭게 해주었는데 나는 그걸 즐기면 된다는 걸 알지 못했어. 발톱 이야기도 그때는 몹시 짜증 났는데 꽃이 어떤 기분인지를 알아주었어야 하는 거야."
　어린 왕자는 말을 계속 이어갔다.

어린 왕자　小さな王子さま

□ わざと 고의로, 일부러 □ 押し付ける 떠넘기다 □ うしろめたい 꺼림
칙하다 □ 愛する 사랑하다 □ 大した 대단한, 엄청난 □ 受け止める 막아
내다 □ 楽しめる 즐거움을 주다 □ 気もち 기분

100
101

「そのときは、分かんなかった！言葉よりも、してくれたことを、見なくちゃいけなかった。あの子は、いい匂いをさせて、僕を晴(は)れやかにしてくれた。僕は絶対に、逃げちゃいけなかった！下手(へた)な計算(けいさん)のうちにも、やさしさがあったのに。あの花は、あまのじゃくなだけなんだ！でも僕は若(わか)すぎたから、愛することって何なのか、分かんなかった。」

"그때는 몰랐어! 말보다도 행동을 보아야 했던 거야. 그 꽃은 좋은 향기를 내주었고 내 마음을 환하게 만들어 주었어. 나는 절대로 도망치지 말았어야 했어! 서투른 계산 속에도 상냥함이 있었는데. 그 꽃은 심술꾸러기일 뿐인데! 하지만 나는 너무 어렸기 때문에 사랑이라는 것이 무엇인지 알지 못했어."

어린 왕자 小さな王子さま

□ 晴れやか 마음이 쾌청한 모양 □ 逃げる 도망치다, 달아나다 □ 下手 (솜씨가)서투름 □ 計算 계산 □ うち 안쪽, 내부, 속 □ やさしい 온순하다, 마음이 곱다 □ あまのじゃく 심술꾸러기 □ 若い 젊다, 어리다

星から出るのに、その子は渡り鳥を使ったんだと思う。出る日の朝、自分の星の片付けをした。火のついた火山のススを、丁寧に払った。そこには二つ火のついた火山があって、朝ごはんを温めるのにちょうどよかった。それと火の消えた火山も一つあったんだけど、その子が言うには「万が一！」のために、その火の消えた火山も同じようにススを払った。しっかりススを払えば、火山の火も、どかんとならずに、ちろちろと長続きする。どかんと言っても、煙突から火が出たくらいの火なんだけど。もちろん、僕らの星では、僕らはあんまりちっぽけなので、火山のスス払いなんてできない。だから、僕らにとって火山ってのはずいぶんやっかいなことをする。それから、この王子くんはちょっと寂しそうに、バオバブの芽を引っこ抜いた。

별에서 나올 때 그 아이는 철새를 이용했을 거라 생각한다. 별에서 나오던 날 아침, 어린 왕자는 자신의 별을 정리했다. 불붙은 화산의 그을음을 정성스럽게 털어냈다. 그 별에는 불이 붙은 화산 두 개가 있어서 아침밥을 데우기에 딱 좋았다. 그리고 불꽃이 꺼진 화산도 하나 있었는데, 어린 왕자가 말하길 '만에 하나'라는 마음으로 불꽃이 사라진 화산도 마찬가지로 그을음을 털었다. 제대로 그을음을 털어내면 화산의 불도 '펑'하고 폭발하지 않고 끄느름하게 오래도록 유지된다. '펑'이라고 해도 굴뚝에서 불이 조금 솟아날 뿐이지만 말이다. 물론 우리의 별 지구에서 우리는 너무나 작은 존재이기에 화산재를 치우기란 어렵다. 그래서 우리에게 화산이란 것은 꽤 성가신 것이다. 그리고선 어린 왕자는 조금 쓸쓸해하며 바오밥나무의 싹을 뽑았다.

□ 片付け 정돈, 정리 □ 火山 화산 □ スス 그을음 □ 払う (먼지 등을) 털다, 털어 내다 □ 朝ごはん 아침 □ 温める 데우다, 따뜻하게 하다 □ 消える 꺼지다, 사라지다 □ 万が一 만에 하나 □ どかんと 큰 물건이 폭발하는 소리, 쾅 □ ちろちろ 빛·불꽃 따위가 약하게 깜박거리는 모양, 끄느름하다 □ 長続き 오래 계속 □ 煙突 굴뚝 □ ちっぽけ 자그맣고 보잘것없음 □ やっかい 귀찮음, 성가심

これが最後、もう絶対に帰って来ないんだ、って。こういう、

毎日決めてやってたことが、この朝には、ずっと愛おしく思えた。

最後にもう一度だけ、花に水をやって、ガラスの覆いを被せようと

したとき、その子はふいに泣きたくなってきた。

火のついた火山のススを、丁寧に払った。
불이 붙은 화산의 그을음을 정성껏 치웠다.

이것이 마지막, 더 이상 절대 돌아오지 않을 것이다. 이렇게 매일 정해서 하던 일이
이날 아침만큼은 무척이나 애틋하게 생각되었다. 마지막으로 한 번 더 꽃에 물을 주고
유리 덮개를 씌우려고 했을 때, 어린 왕자는 갑자기 울고 싶어졌다.

어린 왕자 小さな王子さま

□ 毎日 매일　□ 愛おしい 몹시 귀엽다, 사랑스럽다　□ 被せる 덮다, 씌우다

「さよなら。」って、その子は花に言った。

でも花は何も返さなかった。

「さよなら。」って、もう一度言った。

花はえへんとやったけど、病気（びょうき）のせいではなかった。

「あたし、バカね。」と、なんとか花が言った。「許してね。お幸せに。」

突っかかってこなかったので、その子はびっくりした。ガラスの覆いを持ったまま、おろおろと、その場に立ち（た）つくした。どうして穏やかでやさしいのか、分からなかった。

「好きなの。」と花は言った。「君がそのこと分かんないのは、あたしのせい。でも、君もあたしと同じで、バカ。お幸せに。覆いはそのままにしといて。もう、それだけでいい。」

“잘 있어.” 어린 왕자는 꽃에 말했다.
하지만 꽃은 아무 말도 하지 않았다.
“안녕.”하고 어린 왕자는 한 번 더 말했다.
꽃은 헛기침했지만, 감기에 걸려서가 아니었다.
“나는 바보였어.” 마침내 꽃은 말했다. “용서해 줘. 부디 행복해.”
평소와 달리 꽃이 트집을 잡지 않았기 때문에 어린 왕자는 놀랐다. 유리 덮개를 손에 든 채 어찌할 바를 몰라 하며 그 자리에 서 있었다. 꽃이 어째서 그렇게 온화하고 상냥한 것인지 알 수 없었다.
“좋아해.” 꽃이 말했다. “당신이 내 마음을 알지 못하는 것은 내 탓이야. 하지만 당신도 나와 같은 바보였어. 부디 행복해야 해. 덮개는 그대로 둬. 이제 그것만 있으면 충분해.”

어린 왕자 小さな王子さま

□ 病気 병　□ バカ 바보　□ おろおろ 어찌할 비를 몰라 당황하는 모양
□ 立ちつくす 내내 서 있다

「でも風が……」

「そんなにひどい病気じゃないの…… 夜、ひんやりした空気に当たれば、よくなると思う。あたし、花だから。」

「でも虫は……」「毛虫の１匹や２匹、我慢しなくちゃ。チョウチョと仲良くなるんだから。すごくきれいなんだってね。そうでもしないと、ここには誰も来ないし。遠くだしね、君は。大きな虫でも怖くない。あたしには、ツメがあるから。」

花は、むじゃきに四つのトゲを見せた。それからこう言った。

「そんなぐずぐずしないで、いらいらしちゃう。行くって決めたんなら、ほら！」

なぜなら、花は自分の泣き顔を見られたくなかったんだ。花って弱みを見せたくないものだから……。

"하지만 바람이…….."

"그렇게 심한 감기에 걸린 건 아니야……신선한 저녁 공기를 쐬면 좋아질 거야. 나는 꽃이니까."

"그렇지만 벌레는…….""애벌레 한두 마리 정도는 견뎌야지. 나비랑도 친해질 수 있으니까. 나비는 엄청 예쁘다면서. 그렇게라도 하지 않으면 여기엔 아무도 오지 않을 거야. 당신은 멀리 있을 테고. 커다란 벌레라도 무섭지 않아. 나에게는 발톱이 있으니까."

꽃은 천진하게 네 개의 가시를 내보였다. 그러고 나서 이렇게 말했다.

"그렇게 꾸물꾸물하지 말아 줄래? 짜증이 나려고 하니까. 떠나기로 했으면, 어서 가!"

꽃은 자신의 우는 모습을 보이고 싶지 않았다. 꽃이란 약한 모습을 보이고 싶지 않은 존재니까…….

어린 왕자 小さな王子さま

□ ひんやり 찬 기운을 느끼는 모양, 썰렁 □ 空気 공기, 대기 □ 虫 벌레
□ 毛虫 애벌레, 모충 □ 我慢 참음, 견딤, 자제 □ 仲良く 사이좋게 □ ぐ
ずぐず 꾸물꾸물 □ 泣き顔 우는 얼굴 □ 弱み 취약점

その子は、小惑星325、326、327、328、329や330のあたりまでやってきた。知らないこと、やるべきことを見つけに、とりあえず寄ってみることにした。

最初のところは、王さまの住まいだった。王さまは、まっ赤な織物とアーミンの白い毛がわを纏って、あっさりながらもでんとしたイスに腰掛けていた。

「なんと！けらいだ。」と、王子くんを見るなり王さまは大声をあげた。王子くんは不思議に思った。

『どうして、僕のことをそう思うんだろう、はじめて会ったのに！』

王さまに掛かれば、世界はとてもあっさりしたものになる。だれもかれもみんな、けらい。その子は知らなかったんだ。

어린 왕자는 소행성 325, 326, 327, 328, 329와 330호의 언저리까지 와 있었다. 모르는 일, 해야 할 일을 찾기 위해 일단 둘러보기로 했다.

첫 번째 별은 왕이 살고 있는 곳이었다. 왕은 새빨간 천과 산족제비의 흰 털로 만든 간소하면서도 위엄 있는 의자에 걸터앉아 있었다.

"오! 신하가 왔구나." 어린 왕자를 보자마자 왕은 크게 소리쳤다. 어린 왕자는 이상하게 생각했다.

'어째서 나를 신하라고 생각한 걸까, 처음 만났는데!'

왕에게 있어서 세상이란 아주 간편한 것이 되어버린다. 누구든지 신하가 되는 것이다. 어린 왕자는 그것을 몰랐다.

□ あたり 근처, 부근 □ べき (응당) 그렇게 해야 할 □ とりあえず 우선, 일단 □ 寄る 접근하다, 다가가다 □ 最初 최초, 맨 처음 □ 王さま 왕 □ 織物 직물, 씨실과 날실을 엮어서 짠 천 □ アーミン 산족제비 □ 白い 희다 □ 毛がわ 모피, 털가죽 □ 纏う 감다, (몸에) 걸치다 □ あっさり 산뜻한 모양, 담백한 모양 □ でんと 무게 있게 앉아 있는 모양 □ イス 의자 □ 腰掛ける 걸터앉다 □ けらい 하인 □ 大声 큰소리 □ 掛かる 작용이 미치다, 힘이 가해지다 □ だれもかれも 누구나 모두, 너나없이

「ちこうよれ、よう見たい。」王さまは、やっと誰かに王さまらしくできると、嬉しくてたまらなかった。

王子くんは、どこかに座（すわ）ろうと、周（まわ）りを見た。でも、星は大きな毛がわのすそで、どこもいっぱいだった。その子は仕方（しかた）なく立ちっぱなし、しかもへとへとだったから、あくびが出た。

「王の前であくびとは、作法（さほう）がなっとらん。だめであるぞ。」と王さまは言った。

「我慢なんてできないよ。長旅（ながたび）で、寝てないんだ。」と王子くんは迷惑（めいわく）そうに返事をした。

「ならば、あくびをせよ。人のあくびを見るのも、ずいぶんご無沙汰（ぶさた）であるな、あくびとはこれはそそられる。さあ！またあくびせよ、言うことを聞け。」

"가까이 오너라, 자세히 보고 싶다." 왕은 이제야 누군가에게 왕처럼 행동할 수 있게 되어 기뻐서 참을 수 없었다.

어린 왕자는 어딘가에 앉으려고 주변을 둘러보았다. 하지만 별은 온통 커다란 모피 자락으로 덮여 있었다. 어린 왕자는 어쩔 수 없이 계속 서 있었고, 게다가 몹시 지친 터라 하품이 나왔다.

"왕 앞에서 하품하다니, 예의가 없구나. 안 되는 것이야."라고 왕은 말했다.

"하품을 어떻게 참아요. 긴 여행을 하느라 잠을 못 잤어요." 하고 어린 왕자는 귀찮은 듯이 대답했다.

"그렇다면 하품하거라. 사람이 하품하는 것을 보는 것도 꽤 오랜만이군. 하품이라는 건 날 들뜨게 하는구나. 자! 또 하품하거라. 명령이니라."

어린 왕자 小さな王子さま

□ たまらない 참을 수 없다, 견딜 수 없다 □ 座る 앉다 □ 周り 사물의 둘레, 주위, 주변 □ すそ 옷단, 옷자락 □ 仕方ない 하는 수 없다, 어쩔 수 없다 □ ~っぱなし ~상태로 두다, 계속되다 □ 作法 예의범절 □ 長旅 오랜 (긴) 여행 □ 迷惑 귀찮음, 성가심 □ ご無沙汰 오랫동안 격조함 □ そそる 마음이 들뜨다

「そんな迫られても……無理だよ……」と王子くんは、顔をまっ赤にした。

「むむむ！では……こうだ、あるときはあくびをせよ、またあるときは……」

王さまはちょっと詰まって、御機嫌斜め。

"그렇게 억지로 하라고 하면……나오지 않아요…….” 어린 왕자는 얼굴이 빨개졌다.
"음! 그럼……그렇다면 어떨 때는 하품을 하여라, 또 어떨 때는…….”
왕은 말문이 막혀서 기분이 언짢아졌다.

어린 왕자　小さな王子さま

□ 迫る 강요하다 □ 無理 무리 □ 詰まる 막히다 □ 御機嫌斜め 기분이 언짢음, 심기가 편치 않음

なぜなら王さまは、何でも自分の思いどおりにしたくて、そこから外れるものは、許せなかった。いわゆる〈絶対の王さま〉ってやつ。でも根はやさしかったので、物分かりのいいことしか、言いつけなかった。

　王さまにはこんな口癖がある。「言いつけるにしても、将軍に海鳥になれと言って、将軍が言うことを聞かなかったら、それは将軍のせいではなく、こちらが悪い。」

　「座っていい?」と、王子くんは気まずそうに言った。

　「座るんであるぞ。」王さまは毛がわのすそをおごそかに引いて、言いつけた。

　でも、王子くんにはよく分からないことがあった。この星はごくごくちーっちゃい。王さまはいったい、何を治めてるだろうか。

　「陛下……すいませんが、質問が……」

　왜냐하면 왕은 무엇이든 자기 마음대로 하고 싶어서 거기에 거스르는 건 용서할 수 없었다. 말하자면 '절대적인 왕' 같은 것이다. 다만 본성은 착한 사람이었기에 이치에 맞는 명령만을 내렸다.

　왕에게는 이런 입버릇이 있다. "명령이라 하여도 장군에게 바닷새가 되라고 해서 장군이 명령에 따르지 못하였다면 그건 장군의 잘못이 아니라 내가 나쁘다."

　"앉아도 돼요?" 하고 왕자는 겸연쩍게 말했다.

　"앉거라." 왕은 자신의 모피 자락을 위엄있게 끌어 올렸다.

　그러나 어린 왕자는 이해가 가지 않는 것이 있었다. 이 별은 극히 작은 별인데 왕은 도대체 무엇을 다스리고 있는 것일까.

　"폐하……실례지만, 질문이……."

□ 外れる 누락되다, 제외되다 □ いわゆる 소위, 이른바 □ やつ 녀석, 자
식 □ 根 뿌리, 근본, 성품 □ 物分かり 사물의 이해(력) □ 口癖 입버릇 □
将軍 장군 □ 海鳥 바다새 □ 気まずい 서먹서먹하다, 거북하다 □ おごそ
かに 위엄있게, 존엄히 □ 引く 끌다 □ ごくごく 극히, 몹시 □ いったい
도대체 □ 治める 다스리다 □ 陛下 폐하

「質問をせよ。」と王さまは慌てて言った。

「陛下は、何を治めてるんですか？」

「すべてである。」と王さまは当たり前のように答えた。

「すべて？」

王さまはそっと指を出して、自分の星と、他の惑星か星とか、みんなを指した。

「それが、すべて？」と王子くんは言った。

「それがすべてである。」と王さまは答えた。

なぜなら〈絶対の王さま〉であるだけでなく、〈宇宙の王さま〉でもあったからだ。

「なら、星はみんな、言う通りになるの？」

「むろん。たちまち、言う通りになる。それを破るものは、許さん。」

“질문하거라.” 왕은 당황하며 대답했다.
“폐하는 무엇을 다스리고 있는지요?”
“모든 것이다.” 하고 왕은 당연하다는 듯이 대답했다.
“모든 것이요?”
왕은 살짝 손을 뻗어 자신의 별과 다른 혹성과 별 등을 전부 가리켰다.
“저 모든 것을요?” 어린 왕자는 말했다.
“그 모든 것이니라.” 왕은 대답했다.
왜냐하면 그는 '절대 군주'일 뿐 아니라 '우주의 왕'이기도 했기 때문이다.
“그럼, 모든 별은 왕이 말하는 대로 되나요?
“물론. 즉시 말하는 대로 되고말고. 명령을 어기는 자는 용서하지 않는다.”

어린 왕자 小さな王子さま

□ 慌てる (놀라서) 당황하다　□ 指す (사물·방향 등을) 가리키다　□ 宇宙 우
주　□ むろん 물론　□ たちまち 금세, 곧, 순식간에, 갑자기　□ 破る 깨다,
깨뜨리다, 부수다

あまりにすごい力なので、王子くんはびっくりした。自分にもし
それだけの力があれば、44回と言わず、72回、いや100回でも、
いやいや200回でも、夕ぐれがたった1日の間に見られるんじゃな
いか、しかもイスも動かさずに！そう、考えたとき、ちょっと切な
くなった。そういえば、自分の小さな星を捨てて来たんだって。だ
から、思い切って王さまにお願いをしてみた。

「夕ぐれが見たいんです。どうかお願いします……夕ぐれろっ
て、言ってください。」

「もし、将軍に花から花へチョウチョみたいに飛べ、であると
か、悲しい話を書け、であるとか、海鳥になれ、であるとか言いつ
けて、将軍が、言われたことをできなかったとしよう。なら、そい
つか、この王か、どちらが間違ってると、そちは思う？」

너무나도 엄청난 힘이어서 어린 왕자는 깜짝 놀랐다. 자신에게 만약 이런 힘이 있다
면 44번이 아니라 72번, 아니 100번이라도, 아니 200번이라도 저녁노을을 단 하루 사
이에 볼 수 있었을 테니까, 게다가 의자를 옮기지 않고도 말이다! 그렇게 생각했을 때
쯤 조금 처량해졌다. 그러고 보니 어린 왕자는 자신의 작은 별을 버리고 온 것이다. 그
래서 큰마음을 먹고 왕에게 부탁을 해보았다.

"저녁노을이 보고 싶어요. 정말 부탁드립니다……해에게 지라고 명령해 주세요."

"만약 짐이 장군에게 꽃과 꽃 사이를 나비처럼 날아보라거나 슬픈 이야기를 쓰라고
하거나 바닷새가 되거라 하고 명령하여서 장군이 명령을 따르지 못했다 하자. 그것은
장군과 짐 중 누구의 잘못이라고 생각하느냐?"

어린 왕자 小さな王子さま

□ 力 힘, 권력 □ 間 사이, 간격 □ 捨てる 버리다 □ お願い 부탁 □ 将
軍 장군 □ 悲しい 슬프다

「王さまの方です。」と王子くんはきっぱり言った。

「その通り。それぞれには、それぞれのできることを任_{まか}せねばならぬ。物事が分かって、はじめて力がある。もし、国民_{こくみん}に海へ飛び込_こめと言いつけようものなら、国がひっくり返_{かえ}る。そのようにせよ、と言ってもいいのは、そもそも、物事を弁_{わきま}えて、言いつけるからである。」

「じゃあ、僕の夕_{ゆう}ぐれは？」と王子くんは迫った。なぜなら王子くん、一度聞いたことは、絶対に忘れない。

「そちの夕ぐれなら、見られるぞ。言いつけよう。だが、待とう。うまく治めるためにも、いい頃合_{ころあい}いになるまでは。」

「それはいつ？」と王子くんは尋_{たず}ねる。

"폐하의 잘못입니다." 어린 왕자는 단호하게 말했다.

"그렇도다. 모든 것에는 각각 가능한 것을 요구해야 하느니라. 세상의 이치를 알아야만 권위가 있는 것이야. 만약 모든 백성에게 바다에 뛰어들라고 명한다면 나라가 뒤집힌다. 내가 그들에게 명령을 내릴 수 있는 것은 애초에 사물을 분별하고 명령하기 때문이다."

"그럼, 제가 부탁한 저녁노을은요?" 어린 왕자가 다시 물었다. 왜냐하면 어린 왕자는 한 번 물어본 것을 반드시 잊지 않는다.

"네가 부탁한 저녁노을은 볼 수 있다. 명령하도록 하지. 허나 기다리자꾸나. 좋은 통치를 하기 위한 적당한 시기가 될 때까지."

"그게 언젠데요?" 어린 왕자는 물었다.

□ きっぱり 딱 잘라, 단호히 □ それぞれ (제)각기, 각각, 각자 □ 任せる 맡
기다, 위임하다 □ 国民 국민 □ 飛び込む 뛰어들다 □ ひっくり返る 뒤집
히다 □ 弁える 판별하다, 분별하다 □ 夕ぐれ 저녁노을, 석양 □ 頃合い 적
당한 시기 □ 尋ねる 묻다

「むむむ！」と王さまは言って、分厚い〈暦〉を調べた。「むむむ！ そうだな……だい……たい……午後7時40分くらいである！ さすれば、言う通りになるのが分かるだろう。」

王子くんはあくびをした。夕ぐれに会えなくて、残念だった。それに、ちょっともううんざりだった。

「ここですることは、もうないから。」と王子くんは王さまに言った。「そろそろ行くよ！」

「行ってはならん。」と王さまは言った。けらいができて、それだけ嬉しかったんだ。

「行ってはならん、そちを、大臣にしてやるぞ！」

「それで、何をするの？」

「む……人を裁くであるぞ！」

"흠흠!"하는 소리를 내며 왕은 두꺼운 달력을 찾아봤다. "흠! 그렇군……대……강……오후 7시 40분쯤이 될 것이니라! 두고 보라. 내 명령대로 된다는 것을 알 수 있을 것이니라."

어린 왕자는 하품했다. 저녁노을을 만날 수 없어서 아쉬웠다. 게다가 조금씩 싫증이 나기 시작했다.

"여기는 이제 볼 일이 없어요." 어린 왕자는 왕에게 말했다. "슬슬 가보겠습니다!"

"가지 말거라." 하고 왕은 말했다. 왕은 신하가 생겨서 그만큼 기뻤던 것이다.

"떠나지 말라. 짐이 너를 대신으로 삼겠노라!"

"그건 뭘 하는 거예요?"

"흠……사람을 심판하는 일이지!"

어린 왕자 小さな王子さま

□ 分厚い 두껍다, 두툼하다 □ 暦 달력 □ 調べる 조사하다 □ 午後 오후
□ さすれば 그렇다면 □ 残念 유감스러움, 아쉬움 □ うんざり 지긋지긋
함, 몹시 싫증 남 □ そろそろ 슬슬 □ 大臣 대신, 장관 □ 裁く 재판하다,
심판하다

「でも、裁くにしても、人がいないよ！」

「それは分からん。まだこの王国をぐるりと回ってみたことがない。年を取ったし、大きな馬車を置く場所もない。歩いて回るのは、くたびれるんでな。」

「ふうん！でも僕はもう見たよ。」と、王子くんは屈んで、もう一度、ちらっと星の向こう側を見た。「あっちには、人っ子一人いない……」

「なら、自分を裁くである。」と王さまは答えた。「もっと難しいぞ。自分を裁く方が、人を裁くよりも、はるかに難しい。うまく自分をさばくことができたなら、それは、正真正銘、賢者の証だ。」

すると王子くんは言った。「僕、どこにいたって、自分を裁けます。ここに住む必要はありません。」

"하지만 심판하고 싶어도 사람이 없는걸요!"

"그건 모르는 일이다. 아직 이 왕국을 전부 둘러본 적이 없으니까. 짐은 연로하고 커다란 마차를 둘 곳도 없다. 걸어서 둘러보기에는 지쳐버리느니라."

"응? 그거라면 저는 전부 다 보았어요." 하고 어린 왕자는 몸을 굽혀 다시 한번 힐끗 별의 반대편을 보았다. "저쪽에는 한 명도 없어요……."

"그렇다면 너 자신을 심판하면 된다." 하고 왕은 대답했다. "더 어려운 일이니라. 자신을 스스로 심판한다는 것은 다른 사람을 심판하는 것보다 훨씬 더 어려운 일이지. 자신을 제대로 심판할 수 있다면 그것이 곧 현자라는 증표임이 틀림없다."

그러자 어린 왕자는 대답했다. "저는 어디에 있든지 저를 심판할 수 있어요. 그러니 여기서 살 필요가 없어요."

어린 왕자 小さな王子さま

□ ぐるり 한번 빙 □ 回る 돌다 □ 馬車 마차 □ 屈む (몸을) 굽히다, 웅크리다 □ 側 쪽, 측 □ ちらっと 흘끗, 잠깐, 언뜻 □ 人っ子一人 사람 하나 없다 □ はるかに 훨씬 □ 正真正銘 거짓 없음, 진실 □ 賢者 현자, 현인 □ 証 증거, 증명 □ 必要 필요함

「むむむ！確か、この星のどこかに、よぼよぼのネズミが１匹おる。夜、もの音がするからな。そのよぼよぼのネズミを裁けば良い。時々、死刑にするんである。そうすれば、その命は、そちの裁きしだいである。だが、いつも許してやることだ、大事にせねば。１匹しかおらんのだ。」

また王子くんは返事をする。

「僕、死刑にするの嫌いだし、もうさっさと行きたいんです。」

「ならん。」と王さまは言う。

王子くんはいつでも行けたんだけど、年寄りの王さまをしょんぼりさせたくなかった。

"흠! 분명 이 별 어딘가에 늙은 쥐 한 마리가 있다. 밤에 그 소리가 들리니 말이다. 너는 그 늙은 쥐를 심판하면 된다. 때때로 사형을 선고할 수 있다. 그러면 그 늙은 쥐의 목숨은 너의 심판 결과에 달린 것이다. 하지만 언제나 용서해 주고 생명을 소중히 해야 한다. 한 마리밖에 없기 때문이다."

또 어린 왕자는 답했다.

"나는 사형 선고를 내리기도 싫고 그냥 빨리 여길 떠나고 싶어요."

"그럴 수는 없느니라." 왕은 말한다.

어린 왕자는 언제든 떠날 수 있었지만, 늙은 왕을 기운 빠지게 만들고 싶지 않았다.

어린 왕자 小さな王子さま

□ 確か 확실함 □ ネズミ 쥐 □ もの音 (무슨) 소리 □ 良い 좋다 □ 死刑
사형 □ さっさと 서둘러, 지체 없이 □ 年寄り 늙은이, 노인

「もし、陛下が、言う通りになるのをお望みなら、物分かりのいいことを、言いつけられるはずです。言いつける、ほら、1分以内に出発せよ、とか。僕には、もう、いい頃合いなんだと思います……」

王さまは何も言わなかった。王子くんはとりあえず、どうしようかと思ったけど、ため息をついて、ついに星を後にした。

「そちを、他の星へ使わせるぞ！」王さまは慌てて、こう言った。

まったくもって偉そうな言い方だった。

大人の人って、そうとう変わってるな、と王子くんは心の中で思いつつ、旅は続く。

"만약 폐하께서 말하는 대로 되길 원하신다면, 이치에 맞는 일을 명령하셔야 하겠지요. 자, 1분 이내에 떠나라든가 하는 명령을요. 저는 지금이 딱 맞는 시기라고 생각합니다……."

왕은 아무 말도 하지 않았다. 어린 왕자는 어떻게 해야 할지 생각했지만, 한숨을 내쉬며 결국 별을 떠났다.

"짐은 너를 다른 별에서 사용하겠다!" 왕은 당황해서 이렇게 말했다.

정말로 잘난 체하는 듯한 말투였다.

어른들이란 정말 특이하구나 하고 어린 왕자는 마음속으로 생각하면서 여행을 계속했다.

□ 望み 희망, 소망　□ 以内 이내　□ 出発 출발　□ ため息 한숨　□ ため息
をつく 한숨을 쉬다　□ ついに 드디어, 마침내　□ まったくもって 정말로,
참으로　□ 言い方 말투　□ そうとう 상당히　□ 変わってる 특이하다

11

二つ目の星は、見えっ張りの住まいだった。

「ふふん！ファンのお出ましか！」王子くんが見えるなり、見えっ張りは遠くから大声をあげた。

見えっ張りに掛かれば、だれもかれもみんなファンなんだ。

「こんにちは。」と王子くんは言った。「変なぼうしだね。」

「挨拶できる。」と、見えっ張りは言う。「拍手されたら、これで挨拶する。あいにく、ここを通り過ぎる人なんて言わないわけだが。」

「うん？」王子くんは、何のことか分からなかった。

「両手で、ぱちぱちとやってみな。」と、見えっ張りはその子に勧めた。

王子くんは、両手でぱちぱちとやった。見えっ張りは、ぼうしをちょっと持ち上げて、そっと挨拶をした。

두 번째 별에는 허세꾼이 살고 있었다.

"호오! 팬이 납시는군!" 허세꾼은 어린 왕자를 보자마자 멀리서부터 큰 소리를 질렀다.

허세꾼에게는 모두가 자신의 팬이다.

"안녕하세요." 하고 어린 왕자는 말했다. "특이한 모자네요."

"인사를 할 수 있지." 하고 허세꾼은 말했다. "박수를 받으면 이 모자로 인사를 하지. 공교롭게도 이곳을 지나가는 사람은 아무도 없지만 말이야."

"네?" 어린 왕자는 무슨 말을 하는지 알아듣지 못했다.

"양손으로, 손뼉을 쳐 봐." 하고 허세꾼은 어린 왕자에게 권했다.

어린 왕자는 양손으로 짝짝 손뼉을 쳤다. 허세꾼은 모자를 살짝 들어 올려 인사를 했다.

어린 왕자 小さな王子さま

□ 見えっ張り 허세부림 □ ファン 이내 □ お出まし 행차 □ ~なり ~하
자마자 □ 挨拶 인사 □ 拍手 박수 □ 通り過ぎる 지나가다, 통과하다 □
両手 두 손 □ ぱちぱち 손뼉을 치는 소리, 짝짝 □ 勧める 권하다 □ 持ち
上げ 들어올리다

『王さまのところよりも楽<ruby>たの</ruby>しいな。』と王子くんは心の中で思った。だからもう一度、両手でぽちぱちとやった。見えっ張りも、ぼうしをちょっと持ち上げて、もう一度挨拶をした。

　5分続けてみたけど、同じことばかりなので、王子くんはこの遊びにも飽<ruby>あ</ruby>きてしまった。

　「じゃあ、そのぼうしを下<ruby>お</ruby>ろすには、どうしたらいいの？」と、その子は聞いた。でも、見えっ張りは聞いてなかった。見えっ張りは、誉<ruby>ほ</ruby>め言葉<ruby>ことば</ruby>にしか、絶対耳をかさない。

'왕이 있던 곳보다 더 즐거운데.' 어린 왕자는 속으로 생각했다. 그래서 다시 한번, 양손으로 짝짝 손뼉을 쳤다. 허세꾼도 모자를 살짝 치켜들고 다시 한번 인사를 건넸다.

5분 동안 계속해 보았는데 같은 동작을 되풀이하는 것뿐이라 어린 왕자는 이 놀이에도 싫증이 났다.

"그럼, 그 모자를 내리려면 어떻게 해야 해?"하고 어린 왕자는 물었다. 하지만 허세꾼은 듣지 않았다. 허세꾼은 칭찬 이외는 절대로 귀를 기울이지 않는다.

□ 楽しい 즐겁다 □ 飽きる 싫증 나다 □ 下ろす 아래로 옮기다 □ 誉め
言葉 칭찬의 말

「お前は、俺さまを心の底から、称えているか？」と、その男は王子くんに聞いた。

「称えるって、どういうこと？」

「称えるっていうのは、この俺さまが、この星で一番かっこよくて、一番おしゃれで、一番金持ちで、一番賢いんだって、認めることだ。」

「でも、星には君しかいないよ！」

「お願いだ、とにかく俺さまを称えてくれ！」

「称えるよ。」と言って、王子くんは、肩をちょっと上げた。「でも、君、そんなことのどこが大事なの？」

そして王子くんは、そこを後にした。

大人の人って、やっぱりそうとうおかしいよ、とだけ、その子は心の中で思いつつ、旅は続く。

"넌 나를 진심으로 칭송하는 거야?" 허세꾼은 어린 왕자에게 물었다.

"칭송한다는 게 뭐야?"

"칭송한다는 것은 내가 이 별에서 가장 멋있고 가장 멋지고 가장 화려하고 가장 부자고, 가장 현명하다고 인정하는 거야."

"하지만, 이 별에는 아저씨밖에 없잖아!"

"부탁이야, 아무튼 나를 칭송해 줘!"

"칭송할게."라고 말하며 어린 왕자는 어깨를 으쓱했다. "근데 너는 그런 게 왜 중요한 거야?"

그리고 어린 왕자는 그곳을 떠났다.

어른들이란 역시 참 이상하다고 어린 왕자는 마음속으로 생각하면서 여행을 계속했다.

어린 왕자 小さな王子さま

□ お前 너, 자네 □ 俺さま '나'를 거만스럽게 일컫는 말 □ 心の底 마음속
□ 称える 칭송하다 □ かっこいい 멋있다 □ 金持ち 부자 □ 認める 인정
하다 □ 肩 어깨

12

次の星は、飲んだくれの住まいだった。ほんのちょっと寄っただ
けなのに、王子くんは、ずいぶん気もちが落ち込んでしまった。

「ここで何してるの？」王子くんは、飲んだくれに言った。その
男は、空のビンひとそろい、中身の入ったビンひとそろいを前にし
て、だんまり座っていた。

「飲んでんだ。」と、飲んだくれは、しょんぼりと答えた。

「何で、飲むの？」と王子くんは尋ねた。

「忘れたいんだ。」と、飲んだくれは答えた。

「何を忘れたいの？」と、王子くんは 気の毒になってきて、さら
に聞いた。

「恥ずかしいのを忘れたい。」と、飲んだくれは 俯きながら、打ち
明けた。

다음 별에는 술고래가 살고 있었다. 아주 잠깐 이 별에 들린 것만으로도 어린 왕자는
꽤 기분이 침울해졌다.

"여기서 뭐 하고 있어?" 어린 왕자는 술고래에게 말했다. 그 남자는 빈 병 한 무더기,
술이 가득 찬 병 한 무더기를 앞에 두고 말없이 앉아 있었다.

"술을 마시고 있지." 하고 술고래는 침울하게 대답했다.

"왜 술을 마시는 거야?" 어린 왕자가 물었다.

"잊고 싶어서." 술고래는 대답했다.

"무엇을 잊고 싶은데?" 어린 왕자는 그가 가여운 마음이 들어 재차 물었다.

"부끄러운 것을 잊고 싶어." 하고 술고래는 고개를 떨구며 털어놓았다.

□ 飲んだくれ 술고래　□ ほんの 아주, 겨우　□ 落ち込む 침울해지다
□ 空 (속이) 빈　□ ビン 병　□ ひとそろい 무더기　□ 気の毒 딱함, 가엾음
□ さらに 보다 더　□ 俯き 고개를 숙임　□ 打ち明ける 모두 털어놓다

「何が恥ずかしいの？」と、王子くんは助けになりたくて、尋ねてみた。

「飲むのが恥ずかしい！」飲んだくれは、そう言ったきり、とうとうだんまりを決め込んだ。

どうしていいかわからず、王子くんは、そこを後にした。

大人の人って、やっぱりめちゃくちゃおかしい、とその子は心の中で思いつつ、旅は続く。

"뭐가 부끄러운데?" 어린 왕자는 그를 돕고 싶은 마음에 물었다.

"술을 마시는 것이 부끄러워!" 술고래는 그렇게 말하고는 곧장 입을 다물었다.

어린 왕자는 어리둥절하며 그곳을 떠났다.

어른들은 역시 굉장히 이상하다고 마음속으로 생각하며 여행을 계속했다.

□ 助け 도움 □ きり 계속~하고있다, ~뿐 □ とうとう 마침내 □ 決め込
む ~하기로 (결정)하다

13

四つ目の星は、仕事人間のものだった。この人は、とっても忙しいので、王子くんが来たときも、顔を上げなかった。

「こんにちは。たばこの火、消えてるよ。」と、その子は言った。

「3＋2＝5。5＋7＝12。12＋3＝15。こんにちは。15＋7＝22。22＋6＝28。火を付け直す暇なんてない。26＋5＝31。ふう。合計が、5億162万2731。」

「何、その5億って。」「ん？まだいたのか。5億……もう分からん……やらなきゃいけないことがたくさんあるんだ！ちゃんとしてるんだ、私は。無駄口たたいてる暇はない！2＋5＝7……」

「何なの、その5億100万って言うのは。」また王子くんは言った。何があっても、一度質問を始めたから、絶対にやめない。

네 번째 별은 일쟁이가 사는 별이었다. 이 사람은 매우 바빴기에 어린 왕자가 왔는데도 고개를 들지 않았다.

"안녕하세요. 담뱃불이 꺼졌어요." 하고 어린 왕자는 말했다.

"3 더하기 2는 5. 5 더하기 7은 12. 12 더하기 3은 15. 안녕. 15 더하기 7은 22. 22 더하기 6은 28. 불을 다시 붙일 틈이 없어. 26 더하기 5는 31. 휴. 합계 5억 162만 2731." "그 5억이라는 게 뭐야?" "어? 아직 있었니. 5억이라……나도 잘 모르겠다…… 해야 할 일이 너무 많아! 나는 착실한 사람이야. 말을 늘어놓을 시간 따위 없어. 2 더하기 5는 7……."

"뭐가 5억 100만이라는 거야?" 어린 왕자는 또 물었다. 어린 왕자는 무슨 일이 있어도 한번 시작한 질문은 절대로 멈추지 않는다.

어린 왕자 小さな王子さま

□ 四つ 넷째, 넷 □ 仕事人間 일밖에 모르는 사람, 일쟁이 □ 忙しい 바쁘
다 □ たばこ 담배 □ 火を付ける 불을 켜다 □ 暇 틈, 여유 □ 合計 총계
□ 億 억 □ 無駄口をたたく 쓸데없는 말을 지껄이다

仕事人間は、顔を上げた。

「54年この星に住んでいるが、気が散ったのは、3度だけだ。最初は、22年前のこと、コガネムシがどこからともなく、迫んできたせいだ。ぶんぶんとうるさくしたから、たし算を4回間違えた。2度目は、あれだ、11年前、リウマチの発作が起きたせいだ。運動不足で、歩く暇もない。ちゃんとしてるんだ、私は。3度目は……まさに今だ!さてと、5億100……」

「何があるの?」

仕事人間は、ほっといてはもらえないんだと、諦めた。

일쟁이는 고개를 들었다.

"54년 동안, 이 별에 살면서 집중력이 흐트러진 것은 단 세 번뿐이야. 첫 번째는 22년 전, 어디선가 풍뎅이가 날아와서였어. 붕붕 시끄러운 소리를 내서 덧셈 계산을 네 번이나 틀렸지. 두 번째는 그거다, 11년 전에 류머티즘 발작이 일어나서였어. 나는 늘 운동 부족이고 걸어 다닐 시간도 없지. 난 착실한 사람이라고. 세 번째는……바로 지금이야! 자 그럼, 5억에 100……."

"뭐가 있다는 거야?"

일쟁이는 어린 왕자가 자신을 가만히 놔두지 않을 것 같아 포기했다.

어린 왕자 小さな王子さま

□ 気が散る 마음이 흐트러지다, 산만해지다 □ コガネムシ 풍뎅이 □ ど
こからともなく 어디선가 □ うるさい (소리 등이) 시끄럽다 □ リウマチ
류머티즘 □ 発作 발작 □ 運動 운동 □ 不足 부족 □ さてと 자 그럼(예
정했던 다음 순서로 넘어갈 때 쓰는 말)

「あの小さいやつがあるんだ。時々空に見えるだろ。」

「ハエ？」

「いいや、その小さいのは、光る。」

「ミツバチ？」

「いいや。その小さいのは、黄金色で、怠け者をうっとりさせる。だが、ちゃんとしてるからな、私は！うっとりしてる暇はない。」

「あっ！星？」「そうだ、星だ。」

「じゃあ、5億100万の星をどうするの？」

「5億162万2731。私は。細かいんだ。」

「それで、星をどうするの？」

「どうするかって？」

"저 작은 녀석들 있잖아. 언뜻언뜻 하늘에 보이는 것들 말이야."
"파리?"
"아니, 작게 빛나는 것들."
"꿀벌인가?"
"아니야. 저 작은 것들은 황금색이고 게으름뱅이들을 몽상에 잠기게 하지. 하지만 나는 착실한 사람이니까! 마음이 사로잡힐 여유는 없어."
"아하! 별말이야?" "그래, 별이야."
"그럼 5억 100만의 별을 어떻게 하는데?"
"5억 162만 2731. 난 꼼꼼한 사람이야."
"그래서 별을 어떻게 하는데?"
"어떻게 하냐고?"

어린 왕자 小さな王子さま

□ ハエ 파리 □ 光る 빛나다 □ ミツバチ 꿀벌 □ うっとり 황홀한, 마음
이 사로잡혀 멍한 모양

「うん。」

「何も。自分のものにする。」

「星が、君のもの？」

「そうだ。」「でも、さっき会った王さまは……」

「王さまは、自分のものにしない、〈治める〉んだ。全然違う。」

「じゃあ、星が自分のものだと、何のためになるの？」

「ああ、お金持ちになれるね。」

「じゃあ、お金持ちだと、何のためになるの？」

「また別の星が買える、新しいのが見つかったら。」

王子くんは心の中で思った。

『この人、ちょっとへりくつこねてる。さっきの酔っ払いと一緒だ。』

"응."
"아무것도 안 해. 내 것으로 만드는 거지."
"별들이 당신 것이라는 거야?"
"그렇지.""하지만 좀 전에 만난 왕은……."
"왕은 자신의 것으로 만들지 않아. '지배'하는 거지. 전혀 다른 것이야."
"그럼, 별을 왜 자기 것으로 만들려는 거야?"
"음, 부자가 될 수 있으니까."
"그럼, 부자는 왜 되려는 거야?"
"새로운 별을 발견하면 그 별을 살 수 있지."
어린 왕자는 마음속으로 생각했다.
'이 사람 좀 억지스럽네. 조금 전 만났던 술고래와 똑같아.'

でもとりあえず、質問を続けた。

「どうやったら、星が自分のものになるの？」

「そいつは、誰のものだ？」と、仕事人間は、ぶっきらぼうに返事をした。

「分かんない。誰のものでもない。」

「じゃあ、私のものだ。最初に思いついたんだから。」

「それでいいの？」

「もちろん。たとえば、君が、誰のものでもないダイヤを見つけたら、それは君のものになる。誰のものでもない島を見つけたら、それは君のもの。最初に何かを思いついたら、〈特許〉が取れる。君のものだ。だから、私は星を自分のものにする。なぜなら、私より先に、誰一人も、そんなことを思いつかなかったからだ。」

그래도 어찌 됐든 질문을 계속한다.

"어떻게 별을 자기 것으로 만드는 거야?"

"별들은 누구 건데?" 일쟁이는 퉁명스럽게 대답했다.

"몰라. 누구의 것도 아니야."

"그럼 내 것이지. 내가 처음으로 그걸 생각했으니까."

"그래도 되는 거야?"

"물론이야. 예를 들어, 네가 누구의 것도 아닌 다이아몬드를 발견한다면 그건 네 것이지. 주인이 없는 섬을 발견하면 그것 역시 네 것이고, 처음으로 무언가를 떠올렸다면 '특허'를 받을 수 있어. 네 것이지. 그러니까 나는 별을 내 것으로 하는 거야. 왜냐하면 나보다 먼저 그 누구도 그런 생각을 하지 못했기 때문이야."

어린 왕자 小さな王子さま

□ ぶっきらぼうに 퉁명스레 □ 思いつく (문득) 생각이 떠오르다 □ ダイ
ヤ 다이아몬드 □ 島 섬 □ 特許 특허

「うん、なるほど。で、それをどうするの？」と王子くんは言った。

「取り扱う。数えて、数え直す。難しいぞ。だが、私は、ちゃんとした人間なんだ！」

王子くんは、まだ納得できなかった。

「僕は、スカーフ一枚、僕のものだったら、首の周りに巻き付けて、お出かけする。僕は、花が１輪、僕のものだったら、花を摘んで持っていく。でも、星は摘めないよね！」

「そうだ。だが、銀行に預けられる。」

「それってどういうこと？」

「自分の星の数を、小さな紙きれに書き留めるってことだ。そうしたら、その紙を、引き出しに閉まって、カギをかける。」

「それだけ？」「それでいいんだ！」

"응, 그렇구나. 그럼, 그 별들로 무얼 하려고?" 어린 왕자는 말했다.

"관리하는 거야. 세고 또 세고. 어려운 일이지만 나는 착실한 사람이니까."

어린 왕자는 아직 이해할 수 없었다.

"나는 말이야, 내게 스카프 하나가 있다면 그걸 목에 두르고 다녀. 또 내게 꽃 한 송이가 있다면 꽃을 꺾어서 가져갈 거야. 하지만 별은 딸 수 없잖아!"

"그렇지. 하지만 은행에 맡길 수는 있지."

"그게 무슨 뜻이야?"

"내가 가진 별의 숫자를 작은 종이조각에 써 둔다는 거야. 그러면 그 종이를 가져가서 서랍에 넣어 자물쇠로 잠그는 거지."

"그게 다야?" "그걸로 충분해!"

어린 왕자 小さな王子さま

□ 取り扱う 다루다　□ 数える 세다　□ スカーフ 스카프　□ 巻き付ける
둘러 감다　□ お出かけ 외출　□ 摘む 뜯다, 가지런히 깎다　□ 銀行 은행　□
預ける 맡기다　□ 紙きれ 종잇조각　□ 書き留める (잊지 않도록) 써 두다,
적어 두다　□ 引き出し 서랍　□ 閉まる 닫히다　□ カギをかける 자물쇠를
채우다

王子くんは思った。『面白いし、それなりにかっこいい。でも、全然ちゃんとしてない！』

王子くんは、ちゃんとしたことについて、大人の人と、違った考えを持っていたんだ。

その子は言葉を続ける。「僕、花が１輪、僕のもので、毎日水をやります。火山が三つ、僕のもので、毎週、スス払いをします。それに、火が消えてるのも、スス払いします。万が一があるから。

火山のためにも、花のためにもなってます、僕のものにしてるってことが。でも、君は星のためにはなってません……」

仕事人間は、口元を開いたけど、返す言葉が、見つからなかった。王子くんは、そこを後にした。大人の人って、やっぱりただのへんてこりんだ、とだけ、その子は心の中で思いつつ、旅は続く。

어린 왕자는 생각했다. '재미있고 나름대로 멋지구나. 하지만, 전혀 중요하지는 않아!'
어린 왕자는 중요한 일에 대해서 어른들과 다른 생각을 갖고 있었다.
어린 왕자가 말을 이어갔다. "내게는 말이죠, 꽃이 한 송이 있어서 매일 물을 줘요. 화산도 세 개 있어서 매주 그을음을 털어내요. 불이 꺼진 화산도 그을음을 털어줘야 해요. 만일을 위해서죠.
내 것으로 만든다는 것은 화산을 위해서도 꽃을 위해서이기도 해요. 하지만 당신에게는 별을 위한 마음이 없어요……."
일쟁이는 무어라 말하려고 입을 열었지만, 반박할 말을 찾을 수 없었다. 어린 왕자는 그곳을 떠났다. 어른이란 역시 정말 정말 이상하다고 마음속으로 생각하면서 여행을 이어갔다.

어린 왕자 小さな王子さま

□ 口元 입가 □ 開く 열리다, 벌어지다

14

五つ目の星は、すごく不思議なところだった。他のどれよりも、小さかった。ほんのぎりぎり、あかりと、あかりつけの入る場所があるだけだった。王子くんは、どうやっても分からなかった。空のこんな場所で、星に家もないし、人もいないのに、あかりとあかりつけがいて、何のためになるんだろうか。それでも、その子は、心の中でこう思った。

『この人は、ばかばかしいかもしれない。でも、王さま、見えっ張り、仕事人間や飲んだくれなんかよりは、ばかばかしくない。この人のやってることには、意味がある。あかりをつけるってことは、たとえるなら、星とか花とかが、新しく生まれるってこと。だから、あかりを消すのは、星とか花をお休みさせるってこと。とっても素敵なお勤め。素敵だから、本当に、誰かのためになる。』

다섯 번째 별은 매우 이상한 곳이었다. 다른 어떤 별보다도 작았다. 아주 희미한 가로등과 가로등지기가 겨우 들어갈 자리가 있는 정도였다. 어린 왕자는 도무지 알 수 없었다. 하늘의 이런 곳에 별도 집도 없고 사람도 없는데 가로등과 가로등지기가 있고 무엇 때문에 있는 것인지. 그럼에도 어린 왕자는 마음속으로 이런 생각을 했다.

'이 사람은 어리석은 사람일지도 몰라. 하지만 왕이나 허세꾼, 일쟁이나 술고래보다는 어리석지 않아. 이 사람이 하는 일에는 의미가 있어. 가로등을 켠다는 것은 비유하자면 별이나 꽃이 새롭게 태어나는 거야. 그러니까 가로등을 끄는 것은 별이나 꽃을 쉬게 하는 거고. 너무나 멋진 일이야. 누군가를 위한다는 것은 아주 멋진 일이니까.'

어린 왕자 小さな王子さま

□ ぎりぎり 아슬아슬 □ あかり 등불 □ ばかばかしい 매우 어리석다 □
意味 의미 □ たとえる 예를 들다 □ 生れる 태어나다, 출생하다 □ 素敵
매우 근사함, 아주 멋짐 □ お勤め 일(勤め의 공손한 말씨)

その子は星に近づくと、あかりつけに恭しく挨拶をした。

「こんにちは。どうして、今、あかりを消したの？」

「しなさいって言われてるから。こんにちは。」と、あかりつけは
答えた。

「しなさいって、何を？」

「このあかりを消せって。こんばんは。」

と、その人は、またつけた。

「えっ、どうして、今、またつけたの？」

「しなさいって言われてるから。」と、あかりつけは答えた。

「よく分かんない。」と王子くんは言った。

「分かんなくていいよ。しなさいは、しなさいだ。こんにちは。」

とあかりつけは言ってあかりを消した。

어린 왕자는 별에 다가가며 가로등지기에게 공손히 인사를 했다.
"안녕, 어째서 지금 불을 끈 거야?"
"지시를 받았으니까. 안녕."하고 가로등지기가 대답했다.
"무슨 지시?"
"이 가로등을 끄라는 거지. 좋은 저녁이네."
하고 그는 다시 등불을 켰다.
"어라, 왜 지금 다시 불을 켠 거야?"
"하라고 하니깐."라고 가로등지기는 대답했다.
"잘 모르겠네." 하고 어린 왕자는 말했다.
"몰라도 돼. 지시는 지시니까. 좋은 점심."
가로등지기는 등을 끄며 대답했다.

어린 왕자 小さな王子さま

□ 恭しい 공손하다, 정중하다

それから、おでこを赤いチェックのハンカチで拭いた。

「それこそ、ひどい仕事だよ。昔は、ものが分かってた。朝消して、夜つける。昼の余った時間を休んで、夜の余った時間は、寝る……」

「じゃあ、そのころとは、別のことをしなさいって？」

「同じことをしなさいって。」と、あかりつけは言った。「それがほんっと、ひどい話なんだ！この星は年々、回るのがどんどん早くなるのに、同じことをしなさいって！」

「つまり？」

「つまり、今では、１分で一回りするから、僕には休む暇が、少しもありゃしない。１分の間に、つけたり消したり！」

「変なの！１日が１分だなんて！」

그러고는 빨간 체크무늬 손수건으로 이마를 닦았다.

"정말이지 고달픈 일이야. 옛날에는 이치에 맞았었어. 아침이면 불을 끄고 저녁이면 켜고 말이야. 낮에 비는 시간은 쉬기도 하고 밤의 남는 시간에는 잠을 잤지…….

"그럼, 그때와는 다른 지시를 받은 거야?"

"같은 일을 하래." 하고 등대지기는 말했다. "그게 바로 비극이지! 이 별은 해마다 점점 빨리 도는데 같은 일을 하라니!"

"그래서?"

"결국 지금은 1분에 한 번씩 도니까 나는 잠시도 쉴 틈이 없어. 1분 안에 켰다가 껐다가 하니깐!"

"이상하네! 하루가 1분이라니!"

어린 왕자 小さな王子さま

□ おでこ 이마 □ チェック 체크무늬 □ ハンカチ 손수건 □ 拭く 닦다,
훔치다 □ 余る 남다 □ 年々 해마다

「何が変だよ。もう、僕らは１か月も一緒にしゃべってるんだ。」
とあかりつけが言った。

「１か月？」

「そう。30分、30日！」と、またあかりをつけた。

　王子くんは、その人のことをじっと見た。しなさいって言われた
ことを、こんなにも真面目にやる、このあかりつけのことが、好き
になった。その子は、夕ぐれを見たいとき、自分からイスを動かし
ていたことを、思いだした。その子は、この友だちを助けたかった。

「ねえ……休みたいときに、休めるコツ、知ってるよ……」

「いつだって休みたいよ。」と、あかりつけは言った。

　人っていうのは、真面目にやってても、怠けたいものなんだ。

　王子くんは、言葉を続けた。

"뭐가 이상하다는 거야. 이미 우리는 한 달이나 함께 이야기하고 있잖아."
"한 달이라고?"
"그래, 30분이니 30일!"하고 등불을 다시 켰다.
　어린 왕자는 그를 물끄러미 쳐다보았다. 시키는 일을 이렇게도 진지하게 하는 가로
등지기가 좋아졌다. 어린 왕자는 해지는 것을 보고 싶을 때 자신이 의자를 옮겨 가며
보았던 것을 떠올렸다. 어린 왕자는 이 친구를 돕고 싶어졌다.
　"있잖아……쉬고 싶을 때 쉬는 요령을 알고 있어……."
　"나야 언제라도 쉬고 싶지."하고 가로등지기는 말했다.
　사람이란, 성실히 일하면서도 게으름을 피우고 싶은 존재다.
　어린 왕자가 말을 이었다.

어린 왕자 小さな王子さま

□ 真面目 착실함, 성실함 □ コツ 요령 □ 怠ける 게으름 피우다

「君の星、小さいから、大またなら３歩で一回りできるよね。ずっと日向にいられるように、ゆっくり歩くだけでいいんだよ。休みたくなったら、君は歩く……好きな分だけ、お昼がずっと続く。」

「そんなの、大して分からないよ。僕がずっと願ってるのは、眠ることなんだ。」と、あかりつけは言った。

「困ったね。」と王子くんが言った。

「困ったね。」と、あかりつけも言った。と、あかりを消した。

それこそ、ひどい仕事だよ。
정말이지 고달픈 일이야.

"네 별은 작으니까 크게 세 걸음이면 한 바퀴 돌 수 있잖아. 계속 햇빛 속에 있을 수 있도록 천천히 걷기만 하면 돼. 쉬고 싶을 때는 걷는 거야……그렇게 하면 좋아하는 만큼 낮이 길어지잖아."

"그게 무슨 소용이야. 내가 원하는 건 잠을 자는 거야." 등대지기가 말했다.

"곤란하네." 어린 왕자가 말했다.

"곤란하지."라고 가로등지기도 말했다. 그리고 가로등을 껐다.

□ 大また 가랑이를 크게 벌림, 황새 걸음 □ 歩 ~보, 걸음 횟수를 재는 단위
□ 日向 양지 □ 分 몫, 만큼 □ 大して 그다지, 별로

王子くんは、ずっと遠くへ旅を続けながら、こんなふうに思った。『あの人、他のみんなから、ばかにされるだろうな。王さま、見えっ張り、飲んだくれ、仕事人間から。でも、僕からしてみれば、たった一人、あの人だけは、変だと思わなかった。それっていうのも、もしかすると、あの人が、自分じゃないことのために、あくせくしてたからかも。』

その子は、残念そうにため息をついて、さらに考える。

『たった一人、あの人だけ、僕は友だちになれると思った。でも、あの人の星は、本当に小さすぎて、二人も入らない……』

ただ、王子くんとしては、そうとは思いたくなかったんだけど、実は、この星のことも、残念に思っていたんだ。だって、なんと言っても、24時間に1440回も夕ぐれが見られるっていう、恵(めぐ)まれた星なんだから！

어린 왕자는 더 먼 곳으로 여행을 계속하며 생각했다. '저 사람, 다른 사람들에게 바보 취급을 당하겠지. 임금님, 허풍쟁이, 술고래, 일쟁이에게 모두. 하지만 내가 보기에는 단 한 명, 이 사람만은 이상하다고 생각하지 않았어. 그건 아마 그가 자신이 아닌 다른 사람을 위해 악착같이 일했기 때문일 거야.'

어린 왕자는 아쉬운 마음에 한숨을 내쉬면서 또 생각했다.

'단 한 사람, 오직 저 사람만 나의 친구가 될 수 있다고 생각했어. 하지만 그의 별은 너무나 작아서 두 사람이 들어가질 않아……'

다만 어린 왕자로서는 그렇게 생각하고 싶지 않았지만, 실은 이 별을 떠나는 것을 매우 유감스럽게 생각하고 있었다. 왜냐하면 뭐니 뭐니 해도 24시간에 1,440번이나 저녁 노을을 볼 수 있는 축복받은 별이었으니까!

어린 왕자 小さな王子さま

□ あくせく 악착, 허덕거리며 열심히 일함 □ 実は 실은, 사실은 □ 恵まれ
る 혜택받다, 풍족하다

15

六つの星は、何10倍も広い星だった。分厚い本をいくつも書いて
いる、おじいさんの住まいだった。

「おや、探検家じゃな。」王子くんが見えるなり、その人は大声を
あげた。王子くんは、つくえの上に腰掛けて、ちょっと息をつい
た。もうそれだけ旅をしたんだ！

「どこから来たね？」と、おじいさんは言った。

「なあに、その分厚い本? ここで何してるの？」

「わしは、地理の博士じゃ。」と、おじいさんは言った。

「なあに、そのちりの博士っていうのは？」

「ふむ、海、川、町、山、砂漠のあるところをよく知っとる、物
知りのことじゃ。」

여섯째 별은 이전 별보다 열 배나 더 넓은 별이었다. 두꺼운 책을 몇 권이나 쓰고 있
는 노신사가 살고 있었다.

"오오, 탐험가가 왔군." 어린 왕자를 보자마자 그는 탄성을 질렀다. 어린 왕자는 책상
에 걸터앉으며 잠시 숨을 몰아쉬었다. 그만큼 긴 여행을 했던 것이다!

"어디서 왔니?" 노신사가 물었다.

"뭐예요, 그 두꺼운 책은? 여기서 무얼 하고 계세요?"

"나는 지리학자다."라고 노신사는 말했다.

"뭔데요, 그 지리학자라는 게?"

"흠, 바다와 강, 마을, 산 그리고 사막이 있는 곳을 잘 아는 사람이지."

□ いくつ 몇, 몇 개 □ おじいさん 할아버지 □ 探検家 탐험가 □ つくえ
책상 □ 息をつく 숨을 돌리다 □ わし 나 □ 博士 박사, 학자 □ 海 바다
□ 川 강 □ 町 마을 □ 山 산 □ 物知り 박식함. 또, 그런 사람

「けっこう面白そう。やっと、本物の仕事に出会えた！」と王子くんは言った。それからその子は、博士の星をぐるりと見た。

「とっても見事ですね、あなたの星は。大海原は、あるの？」

「まったくもって分からん。」と、博士は言った。

「えっ！（王子くんは、がっかりした。）じゃあ、山は？」

「まったくもって分からんわからん。」と、博士は言った。

「じゃあ、町とか川とか、砂漠とかは？」

「それも、まったくもって分からん。」と、博士は言った。

「でも、ちりの博士なんでしょ！」

「さよう。」と、博士は言った。「だが、探検家ではない。それに、わしの星に探検家がおらん。地理の博士はな、町、川、山、海、大海原や砂漠を数えに行くことはない。

"제법 흥미롭네요. 이제야 진짜 직업을 가진 사람을 만났다!" 하고 어린 왕자는 말했다. 그러고는 지리학자의 별을 빙 둘러보았다.

"할아버지의 별은 정말 멋지네요. 크고 넓은 바다도 있나요?"

"그건 전혀 모른단다." 하고 지리학자는 대답했다.

"헉! (어린 왕자는 실망했다) 그럼 산은요?"

"전혀 모르지."라고 지리학자는 말했다.

"그럼, 마을이나 강, 사막은요?"

"그것도 전혀 몰라." 하고 박사는 말했다.

"하지만 지리 박사님이잖아요!"

"그렇지." 박사는 말했다. "하지만 나는 탐험가가 아니란다. 게다가 내 별에는 탐험가가 없어. 지리학자라는 건 말이지 마을, 강, 산, 바다, 큰 바다나 사막을 헤아리러 다니지 않아.

어린 왕자 小さな王子さま

□ けっこう 그런대로, 제법　□ 見事 멋짐, 볼만함　□ 大海原 크고 넓은 바다　□ がっかり 실망, 낙담하는 모양

博士というのは、偉い人だもんで、歩き回ったりはせん。自分の
つくえを、離れることはない。

そのかわり、探検家を、迎えるんじゃ。博士は、探検家にものを
尋ね、そのみやげ話を聞き取る。そやつらの話で、そそられるもの
があったら、そこで博士は、その探検家が、正直ものかどうかを調
べるんじゃ。」

「どうして？」「探検家がウソをつくと、地理の本はめちゃくちゃ
になってしまう。飲んだくれの探検家も、同じだ。」

「どうして？」と王子くんは言った。

「酔っ払いは、ものがだぶって見える。そうすると、博士は、
一つしかないのに、二つ山があるように、書き留めてしまうからの。」

「探検家に、不向きな人、僕知ってるよ。」と王子くんは言った。

박사란 대단한 사람이어서 걸어 다니지 않는단다. 자신의 책상을 떠나는 법이 없어.

그 대신 탐험가를 맞이하는 거야. 지리학자는 탐험가에게 질문하고 그들의 여행 이
야기를 듣는 거야. 그중에 흥미로운 것이 있으면 지리학자는 그 탐험가가 정직한 사람
인지 조사한단다."

"왜요?" "탐험가가 거짓말을 하면 지리책이 엉망이 되어 버리니까. 술고래 탐험가도
마찬가지야."

"왜요?" 어린 왕자는 물었다.

"술에 취하면 사물이 둘로 보이니까. 그러면 지리학자는 하나밖에 없는 산을 두 개가
있다고 적게 되잖니."

"탐험가가 어울리지 않는 사람, 나 알아요."라고 어린 왕자는 말했다.

□ 離れる 떨어지다　□ 迎える 맞이하다　□ みやげ話 여행 중에 견문한
이야기　□ 聞き取る 알아듣다, 듣고 잘 이해하다　□ 正直 정직함, 솔직함
□ ウソをつく 거짓말을 하다　□ たぶる 중복되다, 겹쳐지다　□ 書き留め
る (잊지 않도록) 써 두다, 적어 두다　□ 不向き (기호·성질에) 맞지 않음

「いるじゃろな。ところで、その探検家が、正直そうだったら、博士は、何が見つかったのか、確かめることになる。」

「見に行くの？」

「いや。それだと、あまりに面倒じゃ。だから、博士は、探検家に、それを信じさせるだけのものを出せ、と言う。たとえば、大きな山を見つけたって言うんであれば、大きな石ころでも持ってこにゃならん。」

博士は、ふいにわくわくし出した。

"그런 사람이 있지. 아무튼 그 탐험가가 정직한 사람인 것 같으면 지리학자는 그 사람이 무엇을 발견했는지 확인해야 해."

"보러 가는 거예요?"

"아니, 그러면 너무 귀찮아. 그래서 지리학자는 탐험가에게 그것을 믿을 만한 증거를 대라고 요구한단다. 예를 들어 큰 산을 발견했다고 하면 큰 돌멩이라도 가지고 와야 하지."

박사는 갑자기 흥분하기 시작했다.

□ 確かめる 확실히하다 □ 石ころ 돌멩이, 자갈

「いやはや、君は遠くから来たんだな！ 探検家だ！ さあ、わしに、君の星のことをしゃべってくれんか。」そうやって、博士はノートを開いて、鉛筆を削った。博士というものは、探検家の話をまず、鉛筆で書き留める。それから、探検家が、信じられるだけのものを出してきたら、やっとインクで書き留めるんだ。

「それで？」と、博士は尋ねた。

「えっと、僕んち。あんまり面白くないし、すごく小さいんだ。三つ火山があって、二つは火がついていて、一つは消えてる。でも、万が一があるかもしれない。」と王子くんは言った。

「万が一があるかもしれんな。」と、博士は言った。

「花もあるよ。」

「わしらは、花については書き留めん。」と、博士は言った。

"아참, 너는 멀리서 오지 않았니! 네가 탐험가다! 자, 나에게 너의 별에 대해 말해주지 않을래." 지리학자는 노트를 펴고 연필을 깎았다. 지리학자들은 우선 탐험가의 이야기를 연필로 받아적는다. 그런 뒤 탐험가가 믿을 만한 것을 내놓으면 그제야 잉크로 기록하는 것이다.

"어서." 하고 지리학자는 말했다.

"음, 내 별은 별로 재미없고 아주 작은 곳이에요. 화산 세 개가 있는데 두 개에는 불이 붙어 있고 하나는 없어요. 하지만 언제 어떻게 될지는 모를 일이죠." 라고 어린 왕자는 말했다.

"언제 어떻게 될지 모르지." 라고 박사는 말했다.

"꽃도 있어요."

"우리는 꽃은 기록하지 않아." 라고 박사는 말했다.

어린 왕자 小さな王子さま

□ いやはや 어처구니가 없어 놀라서 내는 말. 어허 참, 거 참 □ ノート 노
트 □ 削る 깎다 □ インク 잉크

「どうしてなの！一番きれいだよ！」

「というのもな、花ははかないんじゃ。」

「何、その〈はかない〉って？」

「地理の本はな、すべての本の中で、一番ちゃんとしておる。絶対古くなったりせんからの。山が動いたりするなんぞ、めったにない。大海原が干上がるなんぞ、めったにない。わしらは、変わらないものを書くんじゃ。」と、博士は言った。

「でも、消えた火山が目を覚ますかも。」と王子くんは割り込んだ。

「なあに、その〈はかない〉って？」

「火山が消えてようと、目覚めてようと、わしらにとっては、同じこと。」と、博士は言った。

「わしらに大事なのは、山そのものだけじゃ。動かんからな。」

"어째서요! 가장 예쁜데!"

"왜냐하면 꽃은 덧없으니까."

"덧없다는 게 뭐예요?"

"지리책은 모든 책 중에서 가장 제대로 된 책이야. 절대 구식이 되는 법이 없지. 산이 움직인다거나 하는 일은 좀처럼 없으니까. 대양의 물이 바닥나는 일도 매우 드물지. 우리는 변하지 않는 것을 쓰는 거란다."라고 지리학자는 말했다.

"하지만 꺼진 화산이 다시 깨어날지도 모르잖아요." 어린 왕자는 끼어들었다.

"그 덧없다는 게 뭐예요?"

"화산이 꺼져있든 깨어있든 우리에게는 마찬가지야."라고 지리학자는 이야기했다.

"우리에게 소중한 것은 산 그 자체뿐이지. 움직이지 않으니까."

어린 왕자 小さな王子さま

□ はかない 덧없다, 무상하다　□ めったにない 드물다　□ 干上がる 바싹
마르다　□ わしら 우리들　□ 変わる 변화하다, 바뀌다　□ 目を覚ます 눈을
뜨다　□ 割り込む 비집고 들어가다　□ 目覚める 눈뜨다

「でも、その〈はかない〉って何？」また王子くんは言った。

何があっても、一度質問を始めたら、絶対にやめない。

「それは、〈すぐに消える恐れがある〉ということじゃ。」

「僕の花は、すぐに消える恐れがあるの？」「むろんじゃ。」

『僕の花は、はかない。周りから自分を守るのは、四つのトゲだけ！それに、僕は、僕んちに、たった一つ置き去りにしてきたんだ！』と王子くんは思った。その子は、ふいに、やめておけばよかった、と思った。でも、気を取り直して、「これから行くのに、おすすめの星はありませんか？」と、その子は尋ねた。

「地球という星じゃ。」と、博士は答えた。

「いいところだと聞いておる……」そうして、王子くんは、そこを後にした。自分の花のことを、思いつつ。

"그러니까 그 '덧없다'라는 게 뭐예요?" 어린 왕자는 또 물었다.
무슨 일이 있어도 일단 질문을 시작하면 절대로 멈추지 않는다.
"그건 '곧 사라져 버릴 위험'이 있다는 뜻이야."
"내 꽃이 곧 사라져 버릴 위험이 있다는 거예요?" "물론이지."
'내 꽃은 덧없구나. 주위로부터 자신을 지키는 것이라곤 네 개의 가시뿐이야! 더구나 나는 그런 꽃을 홀로 내버려두고 온 거야!'하고 어린 왕자는 생각했다. 어린 왕자는 그러지 않는 편이 좋았을 걸 하는 생각이 문득 들었다. 하지만 마음을 가다듬고 "이제 떠날 건데 어디 추천해 주실 별은 없나요?" 하고 물었다.
"지구라는 별이 있어."라고 지리학자가 대답했다.
"멋진 곳이라고 들었어……." 그리하여 어린 왕자는 자신의 꽃을 생각하면서 그곳을 떠났다.

어린 왕자 小さな王子さま

□ 恐れ 염려, 우려 □ 置き去り 내버려 두고 가 버림 □ 気を取り直す 마
음을 새로이 먹다

16

そんなわけで、七^{なな}つ目の星は、地球だった。

この地球というのは、どこにでもある星なんかじゃない！数えて
みると、王さまが（もちろん黒い顔の王さまも入^いれて）111人、地
理の博士が7000人、仕事人間が90万人、飲んだくれが750万人、
見えっ張りが３億1100万人で、合わせてだいたい20億の大人の人
がいる。

　地球の大きさを分かりやすくする、こんな話がある。電気^{でんき}が使わ
れるまでは、六つの大陸^{たいりく}ひっくるめて、なんと46万2511人もの、
大勢のあかりつけがいなきゃならなかった。

　遠くから眺めると、たいへん見物^{みもの}だ。この大勢の動きは、バレエ
のダンサーみたいに、きちきちとしていた。

그리하여 일곱 번째 별은 지구였다.

이 지구라는 별은 어디에나 있는 별이 아니다! 세어 보면 111명의 왕과(물론 흑인 왕
도 포함해서) 7,000명의 지리학자, 90만 명의 일쟁이, 750만 명의 술고래, 3억 1,100만
명의 허세꾼, 모두 합쳐 약 20억 명의 어른들이 있다.

지구의 크기를 쉽게 알 수 있는 이야기가 있다. 전기가 쓰이기 전까지는 여섯 개의 대
륙을 통틀어서 무려 46만 2,511명이라는 엄청난 인원의 가로등지기가 필요했다.

멀리서 바라보면 정말 진풍경이다. 이 엄청난 움직임은 발레 무용수처럼 규칙적이
다.

□ 入れる 넣다　□ 電気 전기　□ 大陸 대륙　□ ひっくるめる 뭉뚱그리다
□ たいへん 몹시, 매우　□ 見物 볼 만한 것　□ バレエのダンサー 발레 무
용수　□ きちきち 물건과 물건이 딱 들어맞아서 틈이 없는 모양

まずはニュージーランドとオーストラリアのあかりつけの出番が来る。そこで自分のランプをつけると、この人たちは眠りにつく。すると次は中国とシベリアの番が来て、この動きに加わって、終わると、裏に引っ込む。それからロシアとインドのあかりつけの番になる。次はアフリカとヨーロッパ。それから南アメリカ、それから北アメリカ。しかも、この人たちは、自分の出る順を、絶対間違えない。でも、北極に一つだけ、南極にも一つだけ、あかりがあるんだけど、そこの二人のあかりつけは、のんべんだらりとした毎日を送っていた。だって、1年に2回働くだけでいいんだから。

먼저 뉴질랜드와 호주 가로등지기의 순서가 온다. 각자가 자신의 램프를 켜고 난 뒤 잠을 잔다. 그러면 다음은 중국과 시베리아의 차례로 똑같은 행동에 참여한 뒤 무대 뒤로 사라진다. 그다음은 러시아와 인도 가로등지기의 차례다. 그다음은 아프리카와 유럽. 그다음은 남아메리카 그다음은 북아메리카. 게다가 이 사람들은 자신이 나오는 순서를 절대로 틀리지 않는다. 다만 북극과 남극에 하나씩 가로등이 있는데, 그곳의 가로등지기 두 명은 빈둥거리는 나날을 보냈다. 왜냐하면 일 년에 두 번만 일하면 되니까.

□ ニュージーランド 뉴질랜드 □ オーストラリア 호주 □ 出番 (근무·일·
무대 등에) 나갈 차례 □ ランプをつける 램프를 켜다 □ シベリア 시베리
아 □ 加わる 참가하다 □ 裏 뒷면 □ 引っ込む 안으로 들어가다, 움패다
□ ロシア 러시아 □ インド 인도 □ アメリカ 아프리카 □ 南 남쪽 □ 北
북쪽 □ 順 차례 □ 北極 북극 □ 南極 남극 □ のんべんだらり 빈둥빈둥
□ 送る 보내다 □ 働く 일하다

17

うまく言おうとして、ちょっとウソをついてしまうってことがある。あかりつけのことも、全部ありのままってわけじゃないんだ。そのせいで、何も知らない人に、僕らの星のことを変に教えてしまったかもしれない。

地球のほんのちょっとしか、人間のものじゃない。地球に住んでる20億の人に、まっすぐ立ってもらって、集会みたいにより集まってもらったら、わけもなく、縦30キロ横30キロの広場に収まってしまう。太平洋で一番ちっちゃい島にだって、入ってしまうはずだ。

でも、大人の人にこんなことを言っても、やっぱり信じない。色んなところが、自分たちのものだって思いたいんだ。自分たちはバオバブくらいでっかいものなんだって、考えてる。

잘 말하려다 조금 거짓말을 하게 되는 일이 있다. 가로등지기에 관한 이야기도 전부가 사실이라는 것은 아니다. 그렇기 때문에 잘 모르는 사람에게 우리의 별을 이상하게 이야기해 버렸을지도 모른다.

지구에서 인간이 차지하는 부분은 아주 작다. 지구에 사는 20억 명의 사람들을 똑바로 세우고 집회처럼 빼곡히 모이게 하면 수월히 세로 30킬로미터 가로 30킬로미터의 광장에 다 들어갈 것이다. 태평양의 가장 작은 섬 하나에 들어가는 숫자다.

하지만 어른에게 이런 말을 해도 역시 믿지 않으리라. 지구의 여러 공간을 자신의 것으로 생각하고 싶은 것이다. 자기들이 바오밥나무 정도로 큰 존재라고 생각한다.

□ ありのまま 있는 그대로, 사실대로 □ 集会 집회 □ 集まる 모이다 □
わけもなく 간단히, 쉽사리 □ 縦 세로 □ 横 가로 □ 広場 광장 □ 収ま
る 수습되다 □ 太平洋 태평양 □ 色んな 여러 가지, 가지각색의

だから、その人たちに、「数えてみてよ」って、言ってごらん。数字が大好きだから、きっと嬉しがる。でも、みんなはそんなつまらないことで、時間をつぶさないように。くだらない。みんな、僕を信じて。

王子くんは地球についたんだけど、人の姿がどこにもなくて、びっくりした。それでもう、星を間違えたのかなって、焦ってきた。すると、砂の中で、月の色した輪っかが、もぞもぞ動いた。

「こんばんは。」と王子くんがとりあえず言ってみると、

「こんばんは。」とヘビが言った。

「僕、どの星におっこちたの？」と王子くんが聞くと、

「地球の、アフリカ。」とヘビが答えた。

「えっ、まさか、地球には人がいないの？」

그러니 그 사람들에게 세어보라고 말해봐라. 숫자를 너무나 좋아하니 분명 기뻐할 것이다. 하지만 여러분은 그런 사소한 일에 시간을 낭비하지 않길. 너무나 시시하다. 모두 나를 믿기를.

지구에 도착한 어린 왕자는 사람의 모습이 어디에도 없어서 놀랐다. 그래서 곧 별을 착각한 것이 아닌지 초조해졌다. 그러자 모래 속에서 달빛 색의 고리 같이 생긴 것이 꿈틀꿈틀 움직였다.

"안녕."하고 어린 왕자가 일단 말을 해보니

"안녕."하고 뱀이 말했다.

"나, 어느 별에 떨어진 거야?"라고 어린 왕자가 묻자

"지구의 아프리카라는 곳이야." 뱀이 대답했다.

"어라, 설마 지구에는 사람이 없니?"

어린 왕자 小さな王子さま

□ ~ごらん ~해 보렴, ~해 보아요 □ つまらない 하찮다, 시시하다 □ つ
ぶす 찌부러뜨리다 □ くだらない 하찮다, 시시하다 □ 焦る 초조해하다,
안달나하다 □ 月 달 □ 輪っか 고리, 고리 모양 □ もぞもぞ 작은 벌레 따
위가 느릿느릿 자꾸 움직이는 모양. 굼실굼실, 스멀스멀 □ まさか 설마

「ここは、砂漠。砂漠に、人はいない。地球は、広い。」とヘビは言った。

王子くんは石ころに座って、目を空の方へやった。

「星がきらきらしてるのは、みんなが、ふとしたときに、自分の星を見つけられるようにするためなのかな。ほら、僕の星！真上にあるやつ……でも、本当に遠いなあ！」

「きれいだ。」とヘビは言う。「ここへ、何しに？」

「花とうまく行ってなくて。」と王子くんは言った。

「ふうん。」とヘビは言った。それで、二人はだんまり。

「人はどこにいるの。砂漠だと、ちょっと一人ぼっちだし？」と、しばらくしてから王子くんが聞いた。

「人の中でも、一人ぼっちだ。」とヘビは言った。

"여기는 사막이야. 사막에는 사람이 없어. 지구는 넓거든." 하고 뱀은 말했다.

어린 왕자는 바위에 앉아 눈을 하늘 쪽으로 돌렸다.

"별이 반짝반짝 빛나는 것은 사람들이 우연히 하늘을 보았을 때 자신의 별을 찾을 수 있게 하기 위해서일까. 봐, 내 별! 바로 머리 위에 있는 것 말이야……그런데 정말로 멀리 있네!"

"예쁘다."라고 뱀이 말했다. "여기에 뭐 하러 왔어?"

"꽃이랑 잘 안돼서." 어린 왕자는 말했다.

"흐음." 뱀이 말했다. 그리고 둘은 말이 없었다.

"사람은 어디에 있어? 사막은 좀 외롭네." 잠시 후 어린 왕자가 물었다.

"사람들 속에 있어도 외로운 건 마찬가지야." 뱀이 말했다.

□ ふとした 우연히　□ 真上 바로 위

王子くんは、ヘビをじっと見つめた。

「君って、変な生き物だね。指みたいに、ほっそりしてる……」

「でも俺は、王さまの指より、強い。」とヘビは言った。

王子くんはにっこりした。

「君、そんなに強くないよ……手も足もなくて……旅だって、できないよ……」

「俺は船よりも、ずっと遠くへ、君をつれて行ける。」とヘビは言った。

ヘビは王子くんの踝に、ぐるりと巻き付いた。金のうでわみたいに。

「俺がついたものは、元いた土に帰る。」と、言葉を続ける。

「でも、君は汚れていない。それに、君は星から来た……」

王子くんは、何も返事をしなかった。

어린 왕자는 뱀을 물끄러미 쳐다보았다.

"너는 특이한 생물이구나. 손가락처럼 가늘고 길어…….".

"하지만 나는 왕의 손가락보다 강하지."라고 뱀이 말했다.

어린 왕자는 빙그레 웃었다.

"너는 그렇게 강하지 않아……손도 발도 없고……여행도 할 수 없잖아…….".

"나는 배보다 훨씬 멀리 너를 데리고 갈 수 있어." 뱀이 말했다.

뱀은 어린 왕자의 복사뼈를 금팔찌처럼 휙 휘감았다.

"내가 건드린 사람은 자신이 있던 땅으로 되돌아가지." 그리고 말을 계속했다.

"하지만 너는 더럽혀지지 않았어. 게다가 너는 별에서 왔고…….".

어린 왕자는 아무 대답도 하지 않았다.

□ 生き物 생물 □ ほっそり 홀쭉한 모양 □ 強い 강하다 □ にっこり 생긋, 방긋 □ 船 배 □ 踝 복사뼈 □ 金 금 □ うでわ 팔찌 □ 帰る 돌아가다(오다)

「君を見てると、かわいそうになる。この固い岩（いわ）でできた地球の上で、力もない君。俺なら、助けになれる。自分の星が懐（なつ）かしくなったら、いつでも。あと……」

「もう！分かったよ。でも、何でずっと、それとなく言うわけ？」と王子くんは言った。

「俺そのものが、それの答えだ。」とヘビは言った。

それで、二人はだんまり。

君って、変な生き物だね。指みたいに、ほっそりしてる……
너는 특이한 생물이구나. 손가락처럼 가늘고 길어……

"너를 보고 있으면 안쓰러워. 이 단단한 바위로 이루어진 지구 위에서 아무 힘도 없는 너. 나라면 도와줄 수 있어. 네 별이 그리워지면 언제라도 말해. 그리고…….."
"그래, 알았어! 그런데 왜 계속 에둘러 말하는 거야?" 어린 왕자는 말했다.
"나 그 자체가, 그 답이야."라고 뱀은 말했다.
그리고 둘은 말이 없었다.

어린 왕자 小さな王子さま

□ かわいそう 불쌍한 가엾은 모양 □ 岩 바위 □ 懐かしい 그립다 □ それとなく 슬며시, 넌지시, 에둘러

王子くんは、砂漠を渡ったけど、たった一輪の花に出くわしただけだった。花びらが三つだけの花で、何の取り得もない花……

「こんにちは。」と王子くんが言うと、

「こんにちは。」と花が言った。

「人はどこにいますか?」と、王子くんは丁寧に尋ねた。

花は、いつだか、行列が通るのを見たことがあった。

「人?いると思う。6人か7人。何年か前に見かけたから。でも、どこで会えるか、全然分かんない。風まかせだもん。あの人たち、根っこがないの。それってずいぶん不便ね。」

「さようなら。」と王子くんが言うと、

「さようなら。」と花が言った。

어린 왕자는 사막을 건넜지만, 단 한 송이의 꽃과 마주쳤을 뿐이었다. 꽃잎이 단 세 개뿐인 아무런 특별한 것 없는 꽃…….

"안녕." 어린 왕자가 인사를 건네자

"안녕." 꽃이 대답했다.

"사람은 어디에 있나요?"라고 어린 왕자는 정중하게 물었다.

꽃은 언젠가 사람의 행렬이 지나가는 것을 본 적이 있었다.

"사람? 있다고 생각해. 6명인가 7명. 몇 년 전에 보았거든. 그런데 어디서 만날 수 있을지는 전혀 모르겠어. 바람이 내키는 대로 가는 걸. 사람에게는 뿌리가 없어. 그거참 불편하겠다."

"안녕히 계세요." 어린 왕자가 말하자

"잘 가."하고 꽃이 말했다.

□ 渡る 건너다　□ 出くわす (우연히) 만나다, 맞닥뜨리다　□ 取り得 좋은 점, 쓸모　□ 行列 행렬　□ 通る 통하다　□ 見かける 가끔 보다, 우연히 만나다　□ まかせ ~에 내맡김　□ 不便 불편

　王子くんは、高い山に登った。それまでその子の知っていた山と言えば、竹が膝まで<ruby>たけ<rt></rt></ruby>しかない火山が三つだけ。しかも、消えた火山は腰掛けに使っていたくらいだ。だから、その子はこんなふうに考えた。『こんなに高い山からなら、一目で、この星全体と、人みんなを見通せるはず……』

　でも、見えたのは、鋭く尖った岩山ばかりだった。

　「こんにちは。」と、その子がとりあえず言ってみると、

　「こんにちは……こんにちは……こんにちは……」と、山びこが返事をする。

　「何て名まえ？」「何て名まえ…… 何て名まえ…… 何て名まえ……」

　「友だちになってよ、一人ぼっちなんだ。」

　어린 왕자는 높은 산에 올랐다. 그때까지 어린 왕자가 아는 산이라고 하면 대나무가 무릎 정도밖에 오지 않는 화산 세 개뿐. 게다가 불 꺼진 화산은 걸터앉을 때 쓸 정도였다. 어린 왕자는 이런 생각을 했다. '이렇게 높은 산이라면 한눈에 이 별 전체와 사람들을 볼 수 있겠어…….'

　하지만 눈에 들어오는 것이라곤 날카롭고 뾰족한 바위산뿐이었다.

　"안녕."하고 어린 왕자가 일단 말을 하니

　"안녕……안녕……안녕……." 하고 메아리가 대답했다.

　"이름이 뭐야?" "이름이 뭐야……이름이 뭐야……이름이 뭐야……."

　"친구가 돼 줘, 난 외톨이야."

□ 高い 높다 □ 登る 높은 곳으로 올라가다 □ 竹 대나무 □ 膝 무릎 □ 腰掛ける 걸터앉다 □ 見通す (처음부터 끝까지) 모두 보다 □ 鋭い 날카롭다 □ 尖る (끝이) 뾰족해지다 □ 岩山 바위 산 □ 山びこ 메아리

「一人ぼっち……一人ぼっち……一人ぼっち……」

『もう、変な星！』と、その子はそのとき思った。『ここ、かさか
さしてるし、とげとげしてるし、ひりひりする。人って、思い描く
力がないんじゃないの。誰かの言ったことを繰り返す……僕んちに
ある花は、いっつも向こうからしゃべりかけてくるのに……』

ここ、かさかさしてるし、とげとげしてるし、ひりひりする。
여기는 꺼칠꺼칠하고 삐죽삐죽하고 따끔따끔해.

"외톨이……외톨이……외톨이……."
'정말, 이상한 별이구나!'라고 어린 왕자는 그때 생각했다. '여기는 꺼칠꺼칠하고 삐죽
삐죽하고 따끔따끔해. 사람들에게는 생각하는 힘이 없는 것 아냐? 다른 사람이 한 말
을 되풀이하기만 하고……내 별에 있는 꽃은 항상 먼저 말을 걸어주는데…….'

□ かさかさ 말라서 물기가 없는 모양, 꺼칠꺼칠 □ とげとげ 가시돋친 모양, 삐쭉삐쭉 □ ひりひり 얼얼, 뜨끔뜨끔

20

「こんにちは。」と、その子は言った。

そこは、バラの花が咲き揃う庭だった。

「こんにちは。」と、バラがいっせいに答えた。

王子くんは、たくさんのバラを眺めた。みんな、その子の花にそっくりだった。

「君たち、何て名まえ？」と、王子くんはぽかんとしながら、聞いた。

「私たち、バラって言うの。」と、バラがいっせいに答えた。

「えっ！」って、王子くんは言って…… その後、自分が惨めに思えてきた。その子の花は、宇宙に自分と同じ花なんてないって、その子にしゃべっていた。それがどうだろう、この一つの庭だけでも、似たようなものが全部で、5000ある！

"안녕."하고 어린 왕자는 인사를 했다.

그곳은 장미꽃이 만발한 정원이었다.

"안녕."하고 장미들이 일제히 대답했다.

어린 왕자는 수많은 장미를 바라봤다. 다들 어린 왕자의 꽃을 쏙 빼닮아 있었다.

"너희들은 이름이 뭐야?" 어린 왕자는 입을 떡 벌리며 물었다.

"우리는 장미라고 해." 장미들이 일제히 대답했다.

"아!" 하고 말한 뒤 어린 왕자는 자신이 비참하게 생각되었다. 어린 왕자의 꽃은 온 우주에 자신과 같은 꽃은 없다고 말해왔다. 그런데 이럴 수가, 이 정원만 해도 자신과 닮은 꽃이 전부 합해 오천 송이나 되는 것이었다!

□ 咲き揃う 만발하다, 꽃이 일제히 모두 피다 □ 庭 정원 □ いっせいに
일제히 □ 惨め 비참함

その子は思った。『あの子、こんなのを見たら、拗ねちゃうだろ
うな……きっと、とんでもないほど、えへんえへんってやって、バ
カにされないようにするだろうし、そうしたら、僕は、手当をする
ふりをしなくちゃいけなくなる。だって、しなけりゃあの子、僕へ
のあてつけで、本当に自分を枯らしちゃうよ……』

어린 왕자는 생각했다. '내 꽃이 이걸 본다면 토라져 버리겠지…… 아마 터무니없을
정도로 에헴 에헴 기침하며 바보 취급을 당하지 않으려 할 거고, 그러면 나는 그 꽃을
돌보는 척해야 해. 그렇지 않으면 그 아이는 날 힘들게 하려고 정말로 자기 자신을 시
들게 할지도 몰라…….'

어린 왕자 小さな王子さま

□ 拗ねる 비꼬이다, 토라지다　□ とんでもない 터무니없다, 당치않다　□
手当 (상처 등의) 치료, 처치　□ ふりをする 척하다, 시늉하다　□ あてつけ
비꼬아[넌지시 빗대어] 말하는 일, 비꼬다　□ 枯らす 말리다, 시들게 하다

それからこうも考えた。『一つしかない花があるから、自分は贅沢なんだと思ってた。でも、本当にあったのは、ありきたりのバラ。それと、膝たけの火山三つで、そのうち一つは、多分、ずっと消えたまま。これじゃあ、立派で偉い主にはなれない……』

そうして、草むらに突っ伏して、涙を流した。

そうして、草むらに突っ伏して、涙を流した。
그러고는 풀숲에 엎드려 눈물을 흘렸다.

그리고 또 이렇게도 생각했다. '세상에 단 하나밖에 없는 꽃이 있어서 나는 매우 사치스럽다고 생각했어. 하지만 실상은 너무나 평범한 장미였던 거야. 게다가 무릎 정도 오는 화산 세 개 중 하나는 아마 영영 꺼져버렸는지도 모르고. 이것으로는 훌륭하고 대단한 주인이 될 수 없어…….'

그러고는 풀숲에 엎드려 눈물을 흘렸다.

□ 贅沢 사치　□ ありきたり 세상에 얼마든지 있음　□ 多分 아마　□ 主 주인　□ 草むら 더부룩하게 뭉쳐 나 있는 풀　□ 突っ伏す 푹 엎드리다　□ 流す 흘리다, 흐르게 하다

21

キツネが出て来たのは、そのときだった。

「こんにちは。」とキツネが言った。

「こんにちは。」と王子くんは丁寧に返事をして、振り返ったけど、何もいなかった。

「ここだよ。」と、声が聞こえる。「リンゴの木の下……」

「君、誰？」と王子くんは言った。「とってもかわいいね……」

「おいら、キツネ。」とキツネは答えた。

「こっちに来て、一緒に遊ぼうよ。」と王子くんが誘った。

「僕、ひどく切ないんだ……」

「一緒には遊べない。おいら、君に懐けられてないもん。」とキツネは言った。

「あ！ ごめん。」と王子くんは言った。

여우가 나타난 것은 그때였다.

"안녕." 여우가 말했다.

"안녕." 어린 왕자는 공손히 인사하며 뒤를 돌아보았지만, 아무도 없었다.

"여기야."하는 소리가 들린다. "사과나무 아래 말이야……."

"너는 누구니?" 어린 왕자가 말했다. "넌 정말 귀엽구나……."

"난 여우야." 여우가 대답했다.

"이리와, 같이 놀자." 어린 왕자가 불렀다.

"나는 너무 슬프거든……."

"난 너와 같이 놀 수 없어. 너한테 길들여지지 않은걸." 여우가 말했다.

"아! 미안해." 어린 왕자는 말했다.

でも、じっくり考えてみて、こう付け加えた。

「〈懐ける〉って、どういうこと？」「このあたりの人じゃないね。」とキツネが言った。「何か探してるの？」

「人を探してる。」と王子くんは言った。「〈懐ける〉って、どういうこと？」

「人。」とキツネが言った。「あいつら、鉄砲を持って、狩りをする。いい迷惑だよ！ ニワトリも飼ってるけど、それだけがあいつらの取り得なんだ。ニワトリは探してる？」

그러나 가만히 생각하고는 이렇게 말을 덧붙였다.
"길들인다는 게 무슨 말이야?" "넌 여기 사람이 아니구나."
여우가 말했다. "뭘 찾고 있니?"
"사람을 찾고 있어." 어린 왕자는 말했다. "길들인다는 게 무슨 말이야?"
"사람." 여우가 말했다. "사람들은 말이야, 총을 들고 사냥하러 다녀. 정말 곤란한 일이야! 닭도 기르는데 그것이 그들의 유일한 장점이지. 넌 닭을 찾고 있는 거니?"

어린 왕자 小さな王子さま

□ このあたり 이 근방 □ あいつら 앞에서 이미 이야기한 사람들을 가리키는 말 □ 鉄砲 총 □ 狩をする 사냥을 하다 □ ニワトリ 닭 □ 飼う 기르다

212
213

「ううん。友だちを探してる。〈懐ける〉って、どういうこと？」

「もう誰も忘れちゃったけど、「〈絆を作る〉ってことだよ……」とキツネは言う。

「絆を作る？」「そうなんだ。」とキツネは言う。「おいらにしてみりゃ、君は他の男の子10万人と、何の変りもない。君がいなきゃダメだってこともない。君だって、おいらがいなきゃダメだってことも、多分ない。君にしてみりゃ、おいらは他のキツネ10万匹と、何の変りもないから。でも、君がおいらを懐けたら、おいらたちはお互い、相手にいてほしい、って思うようになる。君は、おいらにとって、世界に一人だけになる。おいらも、君にとって、世界で１匹だけになる……」

「分かってきた。」と王子くんは言った。「一輪の花があるんだけど……あの子は、僕を懐けたんだと思う……」

"아니. 나는 친구를 찾고 있어. '길들인다'라는 게 무슨 말이야?"

"지금은 모두 잊었지만, 인연을 만든다는 거야." 여우는 말했다.

"인연을 만든다고?" "맞아." 여우는 말한다. "나에게 넌 다른 남자아이 10만 명과 전혀 다를 것이 없어. 네가 없으면 안 된다는 것도 없어. 너도 내가 없으면 안 된다고 하는 일도 아마 없을 거야. 너에게 난 다른 여우 십만 마리와 다르지 않으니까. 하지만 네가 날 길들인다면 우리는 서로를 필요로 하게 돼. 너는 나에게 세상 단 하나뿐인 존재가 되는 거야. 나도 네게 있어 세상에서 단 하나뿐인 여우가 되는 거지……."

"알 것 같아."라고 어린 왕자가 말했다. "나에게 꽃이 하나 있는데……그 꽃은 나를 길들였던 거라 생각해……."

어린 왕자 小さな王子さま

□ 絆 인연 □ 作る 만들다 □ 変り 다름 □ お互い 서로 □ 相手 상대

「かもね。」とキツネは言った。「地球じゃ、どんなことだって起こるから……」

「えっ！ 地球の話じゃないよ。」と王子くんは言った。

キツネはとっても不思議だった。

「違う星の話？」

「うん。」

「その星、狩人（かりうど）はいる？」

「いない。」

「いいねえ！ ニワトリは？」

「いない。」

「そううまくはいかないか。」とキツネはため息をついた。

　さて、キツネは元（もど）の話に戻って、

"그럴지도 몰라." 하고 여우는 말했다. "지구에서는 별일이 다 일어나니까……."
"어! 지구에서 있었던 이야기가 아니야."라고 어린 왕자는 말했다.
여우는 몹시 신기해했다.
"다른 별의 이야기라고?"
"응."
"그 별에 사냥꾼은 있니?"
"없어."
"좋네! 닭은?"
"없어."
"전부 좋을 수는 없는 건가." 하고 여우는 한숨을 쉬었다.
그러나 여우는 원래의 이야기로 돌아와서

□ 狩人 사냥꾼 □ 戻る 되돌아가다

「おいらの毎日、いつも同じことの繰り返し。おいらはニワトリを追いかけ、人はおいらを追いかける。ニワトリはどれもみんな同じだし、人だって誰もみんな同じ。だから、おいら、ちょっとうんざりしてる。

でも、君がおいらを懐けるんなら、おいらの毎日は、光が溢れたみたいになる。おいらは、ある足音を、他のどんなやつとも聞き分けられるようになる。他の音なら、おいら穴蔵の中に隠れるけど、君の音だったら、囃されたみたいに、穴ぐらから飛んでいく。それから、ほら！ あの向こうの小麦畑、見える？ おいらはパンを食べないから、小麦ってどうでもいいものなんだ。小麦畑を見ても、何にも感じない。それって、なんか切ない！

でも、君の髪の毛って、黄金色。だから、小麦畑は、すっごくいいものに変わるんだ、君がおいらを懐けたら、だけど！ 小麦は黄金色だから、おいらは君のことを思い出すよ。

"나의 매일은 언제나 같은 일의 반복이야. 나는 닭을 쫓고 사람은 나를 쫓지. 닭은 모두 똑같이 생겼고 사람들도 비슷하게 생겼어. 그래서 좀 지긋지긋해.

하지만, 네가 나를 길들이면 나의 매일은 빛으로 흘러넘칠 거야. 나는 어떤 발소리라도 다른 사람과 구별해서 듣게 될 거야. 다른 소리가 나면 움막 속으로 도망가지만, 너의 발소리라면 음악으로 장단을 맞추듯 움막에서 달려 나올 거야. 그리고 봐! 저쪽의 밀밭 보여? 나는 빵을 먹지 않으니, 밀밭은 내게 아무런 가치가 없어. 밀밭을 보아도 아무 느낌이 없지. 그거 뭔가 슬프잖아!

하지만 네 머리카락은 황금색이야. 그래서 밀밭도 아주 좋아하게 될 거야. 네가 나를 길들인다면 말이야! 밀밭의 황금색을 보면 나는 너를 생각할 거야.

어린 왕자 小さな王子さま

□ 追いかける 뒤쫓아 가다, 추적하다　□ 光 빛　□ 溢れる 넘치다　□ 足音 발소리　□ 聞き分ける (소리나 내용을) 들어서 구별하다　□ 穴蔵 움, 움막　□ 囃す (북·징·피리 등으로) 반주하다, 소리를 내거나 박수로 장단을 맞추다　□ 小麦 밀　□ 畑 밭　□ パン 빵　□ 黄金色 황금색

そうやって、おいらは小麦に囲まれて、風の音をよく聞くように
なる……」

キツネはだんまりして、王子くんをじっと見つめて、

「お願い……おいらを懐けておくれ！」と言った。

「喜んで。」と王子くんは返事をした。

「でもあんまり時間がないんだ。友だちを見つけて、たくさんの
ことを知らなきゃなんない。」

「自分の懐けたものしか、分からないよ。」とキツネは言った。

「人は、暇が全然ないから、何にも分からない。物売りのところ
で、出来上がったものだけを買うんだ。でも、友だちを売るやつな
んて、どこにもいないから、人には、友だちってものがちっともい
ない。友だちがほしいなら、おいらを懐けてくれ！」

「何をすればいいの？」と王子くんは言った。

그렇게 나는 밀밭에 둘러싸여서 바람의 소리를 잘 듣게 되겠지…….”
여우는 말없이 어린 왕자를 물끄러미 바라보고
“부탁이야……날 길들여줘!”라고 했다.
“기꺼이.” 어린 왕자가 대답했다.
“하지만 시간이 별로 없어. 친구를 찾아야 하고 알아야 할 것도 많거든.”
“자신이 길들인 것밖에 알 수 없어.”라고 여우는 말했다.
“사람은 여유가 전혀 없어서 아무것도 몰라. 가게에서 완성된 물건만 사지. 하지만
친구를 파는 녀석 따위는 어디에도 없으니까. 사람에게는 친구라는 것이 없어. 친구를
원한다면 나를 길들여줘!”
“무엇을 하면 돼?”하고 어린 왕자는 말했다.

어린 왕자 小さな王子さま

□ 囲む 에워싸다　□ 物売り 행상인　□ 出来上がる 다 되다, 이루어지다
□ 売る 팔다

「気長にやらなきゃいけない。」とキツネは答える。

「まずは、おいらからちょっと離れたところに座る。たとえば、その草むらにね。おいらは君をよこ目で見て、君は何もしゃべらない。言葉は、すれ違いの元なんだ。でも、1日、1日、ちょっとずつそばに座ってもいいようになる……」

あくる日、王子くんはまたやってきた。

「同じ時間に、来た方がいいよ。」とキツネは言った。

「そうだね、君が午後の4時に来るなら、3時にはもう、おいら、うきうきしてくる。それから時間がどんどん進むと、ますますうきうきしてるおいらがいて、4時になるころには、ただもう、そわそわどきどき。そうやって、おいらは、幸せを噛み締めるんだ！でも、でたらめな時間に来るなら、いつ心をおめかししていいんだか、分からない……決まり事がいるんだよ。」

"마음을 느긋하게 해야 해." 여우가 대답했다.
"우선은 나와 조금 떨어진 곳에 앉아. 예를 들어 저기 풀숲에 말이야. 내가 너를 곁눈질로 슬쩍 보면 너는 잠자코 있어. 말이란 건 오해의 근원이니까. 하지만 하루, 하루, 조금씩 너는 내 옆에 앉을 수 있게 될 거야……."
다음날 어린 왕자가 다시 찾아왔다.
"같은 시간에 오는 게 좋겠어." 여우가 말했다.
"그래, 네가 오후 4시에 온다면 난 3시부터 설렐 거야. 그리고 시간이 점점 흐를 수록 더욱더 들떠서 네 시가 되면 너무 설레는 마음에 안절부절못하고 두근거려. 그렇게 나는 행복을 음미하는 거지! 하지만 얼토당토않은 시간에 오면 언제 마음의 준비를 해야 좋을지 모르잖아…… 규칙 같은 게 필요한 거야."

어린 왕자 小さな王子さま

□ 気長 느긋한 모양, 조급하게 굴지 않는 모양 □ よこ目 곁눈 □ すれ違い 엇갈림 □ あくる日 다음 날 □ うきうき 신바람이 나서 마음이 들뜨는 모양 □ ますます 점점 더 □ そわそわ 안절부절 □ どきどき 두근두근 □ 噛み締める 음미하다 □ でたらめ 엉터리, 되는 대로 함 □ 決まり事 정해진 규칙

「決まり事って、何？」と王子くんは言った。

「これも誰も忘れちゃったけど、１日を他の１日と、１時間を他の１時間と、別のものにしてしまうもののことなんだ。たとえば、おいらを狙（ねら）う狩人にも、決まり事がある。あいつら、木曜（もくよう）は村（むら）の娘（むすめ）とダンスをするんだ。だから、木曜はすっごくいい日！ おいらはブドウ畑までぶらぶら歩いていく。もし、狩人が時間を決めずにダンスしてたら、どの日もみんな同じようになって、おいらの心休（やす）まる日がすこしもなくなる。」

こんなふうにして、王子くんはキツネを懐けた。そして、そろそろ行かなきゃならなくなった。

「はあ。涙が出ちゃう。」とキツネは言った。

「君のせいだよ。」と王子くんは言った。「僕は、辛いのは絶対いやなんだ。でも、君は、僕に懐けてほしかったんでしょ……」

"규칙이라는 게 뭐야?"하고 어린 왕자는 물었다.

"이것도 모두가 잊어버렸지만, 하루를 다른 하루와 다르게 한 시간을 다른 한 시간과 다르게 하는 거야. 예를 들면 날 쫓는 사냥꾼에게도 규칙이라는 게 있어. 그들은 목요일에는 마을의 아가씨와 춤을 춰. 그래서 목요일은 매우 좋은 날이야! 나는 포도밭까지 슬렁슬렁 걸어가지. 만약 사냥꾼이 시간을 정하지 않고 춤을 춘다고 하면 어느 날이나 다 똑같은 날이 돼서 내가 마음 편히 있을 날이 조금도 없을 거야."

이런 식으로 어린 왕자는 여우를 길들였다. 그리고 슬슬 떠나야 하는 시간이 되었다.

"하아. 눈물이 나려고 해." 여우가 말했다.

"그건 네 탓이야." 어린 왕자는 말했다. "나는 괴로운 건 딱 질색이야. 하지만 너는 내가 길들여주길 바랐잖아……."

□ 狙う 겨누다 □ 木曜 목요일 □ 村 마을, 촌락 □ 娘 딸, 아가씨 □ ダンス 댄스 □ ブドウ 포도 □ ぶらぶら 어슬렁어슬렁 □ 休まる (심신이) 편안해지다 □ いやだ 싫다

「そうだよ。」とキツネは言った。

「でも、今にも泣きそうじゃないか！」

「そうだよ。」

「じゃあ、君には何のいいこともないじゃない！」

「いいことはあったよ。小麦の色のおかげで。」

それからこう続けた。

「バラの庭に行ってみなよ。君の花が、世界に一つだけってことが分かるはず。おいらにさよならを言いに戻ってきたら、秘密を一つ教えてあげる。」

王子くんは、またバラの庭に行った。

「君たちは、僕のバラとはちっとも似ていない。君たちは、まだ何でもない。」と、その子はたくさんのバラに言った。

"맞아." 여우가 말했다.

"하지만, 넌 지금도 울려고 하잖아!

"맞아."

"그럼 내가 널 길들여서 좋은 것이 없는 거잖아!"

"좋은 일은 있었어. 밀밭 색깔 덕분에."

그러고는 말을 계속했다.

"장미의 정원에 가봐. 너의 꽃이 세상에 하나밖에 없다는 것을 알게 될 거야. 그러고 나서 나에게 안녕 인사를 하러 돌아오면 비밀을 하나 알려줄게."

왕자는 다시 장미의 정원으로 갔다.

"너희들은 내 장미와 조금도 닮지 않았어. 너희들은, 아직 아무것도 아니야."라고 어린 왕자는 수많은 장미에 말했다.

어린 왕자 小さな王子さま

□ さよなら 안녕(헤어질 때의 인사말)

「誰も君たちを懐けてないし、君たちも誰一人懐けていない。君たちは、出会ったときの僕のキツネと同じ。あの子は、他のキツネ10万匹と、何の変りもなかった。でも、僕があの子を友だちにしたから、もう今では、あの子は世界にただ1匹だけ。」

そうだね、君が午後の4時に来るなら、3時にはもう、おいら、うきうきしてくる。
그래, 네가 오후 4시에 온다면 난 3시부터 설렐 거야.

"아무도 너희들을 길들이지 않았고 너희들도 아무도 길들이지 않았어. 너희들은 내가 처음 만났을 때의 여우와 같아. 그 아이는 다른 여우 십만 마리와 전혀 다를 게 없었지. 하지만 내가 그 여우를 친구로 삼아서 지금 그 여우는 세상에 단 한 마리뿐이야."

어린 왕자 小さな王子さま

たくさんのバラは、ばつが悪そうにした。

「君たちはきれいだけど、空っぽだ。」と、その子は続ける。

「君たちのために死ぬことなんてできない。もちろん、僕の花だって、普通に通りすがった人から見れば、君たちと同じなんだと思う。でも、あの子はいるだけで、君たち全部よりも、大事なんだ。だって、僕が水をやったのは、あの子。だって、僕がガラスの覆いに入れたのは、あの子。だって、僕がついたてで守ったのは、あの子。だって、僕が毛虫をつぶしてやったのも（2、3匹、チョウチョにするためにのこしたけど）、あの子。だって、僕が、文句とか、自慢とか、たまにだんまりだって聞いてやったのは、あの子なんだ。だって、あの子は僕のバラなんだもん。」それから、その子はキツネのところへ戻ってきた。

「さようなら。」と、その子が言うと

수만 송이의 장미는 멋쩍어했다.

"너희들은 아름답지만 텅 비어 있어." 어린 왕자는 말을 이었다.

"너희를 위해 죽을 수는 없어. 물론, 나의 꽃도 평범한 지나가는 사람들이 보면 너희와 똑같다고 생각하지. 하지만, 그 아이는 내게 존재만으로도 너희 모두를 합친 것보다 더 소중해. 왜냐하면 내가 물을 준 것은 그 꽃이니까. 내가 유리 덮개에 넣어 준 것도 그 꽃. 내가 바람막이를 쳐서 지켜준 것도 그 꽃. 벌레를 잡아준 것도(나비가 될 두세 마리는 남겨 뒀지만) 그 꽃이야. 내가 불평을 해도 자랑을 늘어놓아도 때때로 입을 다물고 있어도 귀를 기울여 주었던 것은 그 아이란 말이야. 왜냐하면 그 꽃은 내 장미니까." 그리고 어린 왕자는 여우가 있는 곳으로 돌아왔다.

"잘 있어." 어린 왕자가 말하자

어린 왕자 小さな王子さま

□ ばつが悪そう 멋쩍다, 겸연쩍다 □ 空っぽ 텅 빔 □ 普通 보통 □ 通り
すがる 마침 그곳을 지나가다 □ 自慢 자랑

「さようなら。」とキツネが言った。「おいらの秘密だけど、すっごく簡単なことなんだ。心でなくちゃ、よく見えない。物の中身は、目では見えない、ってこと。」

「物の中身は、目では見えない。」と、王子くんはもう一度繰り返した。忘れないように。「バラのためになくした時間が、君のバラをそんなにも大事なものにしたんだ。」

「バラのためになくした時間……」と、王子くんは言った。忘れないように。

「人は、本当のことを、忘れてしまった。でも、君は忘れちゃいけない。君は、自分の懐けたものに、いつでも何かを返さなくちゃいけない。君は、君のバラに、何かを返すんだ……」とキツネは言った。「僕は、僕のバラに何かを返す……」と、王子くんはもう一度繰り返した。忘れないように。

"잘 가." 여우가 말했다. "내 비밀은 말이야. 정말 간단해. 마음으로 보지 않으면 잘 보이지 않아. 사물의 진짜 모습은 눈으로는 보이지 않는 거야."

"진짜 모습은 눈으로는 보이지 않는다." 어린 왕자는 한 번 더 되풀이해서 말했다. 이 말을 잊지 않기 위해서. "장미를 위해 보낸 시간이 너의 장미를 그렇게도 소중하게 만든 거야."

"장미를 위해 보낸 시간……." 어린 왕자는 되뇌었다. 잊지 않기 위해.

"사람들은 이 진리를 잊어버렸어. 하지만 너는 잊어서는 안 돼. 너는 네가 길들인 것에 언제라도 무언가를 돌려주지 않으면 안 돼. 너는 너의 장미에 무언가를 갚아야 하는 거야……." 여우가 말했다. "나는 내 장미에 무언가를 갚는다……."라고 어린 왕자는 한 번 더 반복했다. 잊지 않기 위해.

□ 物 사물 □ なくす 없애다, 잃다

22

「こんにちは。」と王子くんが言うと、

「こんにちは。」とポイントがかりが言った。

「ここで何してるの？」と王子くんが言うと、

「お客を1000人ずつ分けてるんだ。」とポイントがかりが言った。

「機関車にお客くが乗ってて、そいつをお前は右だ、お前は左だって、やってくんだよ。」すると、機関車が、ぴかっ、びゅん、雷みたいに、ごろごろごろ。ポイントがかりのいる建物が揺れた。

「ずいぶん急いでるね。何か探してるの？」

「それは、動かしてるやつだって、分からんよ。」とポイントがかりは言った。

すると、今度は逆向きに、ぴかっ、びゅん、ごろごろごろ。

"안녕." 어린 왕자가 말하자

"안녕." 철도의 전철수가 말했다.

"여기서 무얼 하는 거니?" 어린 왕자가 묻자

"여행객을 천 명씩 나누고 있어." 하고 전철수가 말했다.

"기관차에 손님이 타면 너는 오른쪽, 너는 왼쪽 이렇게 나누는 거야." 그러자 기관차가 '번쩍, 웽'하는 천둥 같은 소리를 내며 덜컹덜컹. 전철수가 있는 건물이 흔들렸다.

"사람들이 다 바빠 보이네. 뭔가를 찾는 거야?"

"그건 기관차를 움직이는 기관사도 모를 거야." 전철수는 말했다.

그러자 이번에는 반대쪽에서 번쩍, 웽, 덜컹덜컹.

□ ポイント (철도의)전철기 □ ~がかり (흔히 철도 관계에서) ~계(원), 담당(자) □ お客 손님 □ 分ける 나누다 □ 機関車 기관차 □ 右 오른쪽 □ 左 왼쪽 □ ピカッ 번쩍(번개칠 때의 모양) □ びゅん 휑하는 소리 □ 雷 천둥 □ ごろごろ 데굴데굴, 덜컹덜컹 □ 揺れる 흔들리다 □ 急ぐ 서두르다 □ 逆向き 역방향

「もう戻ってきたの？」と王子くんが聞くと

「同じのじゃないよ。」とポイントがかりが言った。「入れ替えだ。」

「自分のいるところが気に入らないの？」

「人は、自分のいるところが、絶対気に入らないんだ。」とポイントがかりが言った。すると、またまた、ぴかっ、びゅん、ごろごろごろ。「さっきのお客を追いかけてるの？」と王子くんは聞いた。

「誰も追いかけてなんかないよ。中で寝てるか、あくびをしてる。子供たちだけが、窓ガラスに鼻を押し付けてる。」

「子供だけが、自分の探し物が分かってるんだね。人形に時間をなくして、それが大事なものになって、だからそれを取り上げたら、泣いちゃうんだ……」と王子くんは言った

「羨ましいよ。」とポイントがかりは言った。

“벌써 되돌아온 거야?”라고 어린 왕자가 묻자

“같은 사람들이 아니야.” 전철수가 말했다. “자리를 바꾼 거야.”

“자기가 있던 자리가 마음에 안 든 거야?”

“사람은 자신이 있는 곳을 절대 마음에 들어 하지 않아.” 전철수가 말했다. 그러자 또 다시 번쩍, 웽, 덜컹덜컹. “아까 그 손님들을 쫓아 가는 거야?” 어린 왕자는 물었다.

“아니, 아무도 쫓고 있지 않아. 안에서 자거나 하품하고 있겠지. 아이들만 유리창에 코를 박고 있을 뿐이야.”

“아이들만이 자기가 무얼 찾는지 아는 거구나. 아이들은 인형에 자기 시간을 쓰니까 그게 소중해져서 인형을 뺏으면 울어 버리는 거야…….”하고 어린 왕자가 말했다.

“아이들이 부럽다.” 전철수가 말했다.

□ 入れ替え 교체 □ 気に入る 마음에 들다 □ 探し物 물건을 찾음, 또는 그 물건 □ 人形 인형 □ 取り上げる 빼앗다, 탈취하다 □ 羨ましい 부럽다

23

「こんにちは。」と、王子くんが言うと、

「こんにちは。」と、物売りが言った。

物売りはクスリを売っていた。そのクスリは、喉のからからを抑えるようにできていて、1週間に一粒で、もう、飲みたいって思わなくなるんだ。

「どうして、そんなのを売るの？」

「無駄な時間を省けるからだ。博士が数えたんだけど、1週間に53分も無駄が省ける。」

「その53分をどうするの？」「したいことをするんだ。」

王子くんは考える。『僕、53分も自由になるんなら、ゆっくりゆーっくり、水汲み場に歩いて行くんだけど……』

"안녕."하고 어린 왕자가 말하자

"안녕."하고 행상인이 말했다.

행상인은 약을 팔고 있었다. 그 약은 목이 바싹바싹 마르는 것을 억제하는 약으로 일주일에 한 알을 먹으면 더 이상 물을 마시고 싶지 않게 된다.

"왜, 그런 것을 파는 거야?"

"쓸데없는 시간을 줄이니까. 전문가의 계산에 따르면 일주일에 53분이나 낭비되는 시간이 없어진대."

"그 53분은 어떻게 하는 건데?" "하고 싶은 걸 하지."

어린 왕자는 생각했다. '나에게 53분이라는 자유가 생긴다면 천천히, 아주 천천히 샘물이 있는 곳까지 걸어갈 텐데…….'

□ 物売り 행상인 □ クスリ 약 □ 抑える 누르다 □ 一粒 한 알 □ 飲む
마시다 □ 無駄 쓸데없음 □ 省く (불필요한 것을) 없애다 □ 自由 자유 □
水汲み 물긷기 □ 場 장소

24

おかしくなって、砂漠に下りてから、8日目。僕は、物売りの話を聞きながら、ほんの少しだけ残っていた水を、ぐいと飲み干した。

「へえ！」と、僕は王子くんに言った。「たいへんけっこうな思い出話だけど、まだ飛行機が直ってないし、もう、飲むものもない。僕も、ゆっくりゆーっくり水くみ場に歩いて行けると、嬉しいんだけど！」

「友だちのキツネが……」

「いいかい、ぼうや。もうキツネの話をしてる場合じゃないんだ！」

「どうして？」

「喉がからからで、もうすぐ死んじゃうんだよ……」

비행기 이상으로 사막에 내린 지 여덟째 되는 날이었다. 행상인 이야기를 들으며 남아 있던 물을 쭉 들이켰다.

"우와!" 나는 어린 왕자에게 말했다. "정말 좋은 추억담이긴 한데 아직 비행기가 고쳐지지 않았고, 더 이상 마실 물도 없어. 나도 샘물이 있는 곳으로 천천히 걸어갈 수 있으면 기쁠 것 같은데!"

"내 친구 여우가 말이지……."

"알겠니, 꼬맹아. 지금 여우 얘기할 때가 아니라고!"

"왜?"

"목이 바짝바짝 말라서 머지않아 죽어버린다고……."

어린 왕자 小さな王子さま

□ 残る 남다 □ ぐいと飲み干す 쭉 들이켜다 □ 思い出話 추억담(을 이야기함) □ 場合 사정, 형편

その子は、僕の言い分が分からなくて、こう言った。

「友だちになるっていいことなんだよ、死んじゃうにしても。僕、キツネと友だちになれてすっごく嬉しくて……」

僕は考えた。『この子、危ないってことに気づいてない。はらぺこにも、からからにも、絶対ならないんだ。ちょっとお日さまがあれば、それで充分……』

ところが、その子は僕を見つめて、その考えに返事をしたんだ。

「僕だって、喉はからからだよ……井戸を探そう……」

僕は、怠そうに体を動かした。井戸を探すなんて、ばかばかしい。果ても知れない、この砂漠で。それなのに、僕たちは歩き出した。

어린 왕자는 내 말뜻을 이해하지 못하고 이렇게 말했다.

"친구가 있다는 건 좋은 거야, 죽는다 하더라도. 나는 여우와 친구가 된 게 너무 기뻐……."

나는 생각했다. '이 아이는 위험한 상황을 전혀 깨닫지 못하고 있어. 이 아이에게는 굶주림과 목마름 같은 것이 전혀 없는 거야. 약간의 햇살이면 그걸로 충분한 거야…….'

그런데 어린 왕자는 나를 바라보더니 내 마음을 읽은 듯 대답했다.

"나도 목이 바싹바싹 말라……우물을 찾자……."

나는 무기력한 몸을 움직였다. 우물을 찾는다니 바보 같다. 이렇게 끝없이 펼쳐진 사막에서 말이다. 그럼에도 우리는 걷기 시작했다.

어린 왕자 小さな王子さま

□ 言い分 할 말, 불평 □ はらぺこ 배가 몹시 고픔 □ 充分 충분 □ 井戸
우물 □ 怠い 나른하다 □ 体 몸 □ 果て 끝

ずーっと、だんまり歩いて行くと、夜が落ちて、星がぴかぴかし始めた。僕は、とろんとしながら、星を眺めた。喉がからからで、ぼうっとする。王子くんの言葉が浮かんでは、ぐるぐる回る。

「じゃあ、君も喉がからから？」と、僕は聞いた。

でも、聞いたことには答えず、その子はこう言っただけだった。

「水は、心にもいいんだよ……」

僕は、どういうことか分からなかったけど、何も言わなかった。聞かない方がいいんだと、よく分かっていた。

その子はへとへとだった。座り込む。僕もその子のそばに座り込む。しーんとした後、その子はこうも言った。

「星がきれいなのは、見えない花があるから……」

끝이 없는 길을 아무 말 없이 걷다 보니 밤이 내리고 별이 반짝이기 시작했다. 나는 풀린 눈으로 별을 바라보았다. 목이 말라서 정신이 멍해진다. 어린 왕자의 말이 떠오르면서 빙빙 돈다.

"그럼, 너도 목이 마른단 말이지?" 하고 나는 물었다.

하지만 내 물음에 답하지 않고 그 아이는 이렇게 말할 뿐이었다.

"물은 마음에도 좋은 거야……."

나는 무슨 말인지 몰랐지만, 아무 말도 하지 않았다. 묻지 않는 편이 좋다는 것을 잘 알고 있었다.

어린 왕자는 녹초가 되어 주저앉았다. 나도 그 아이 곁에 앉았다. 침묵이 흐른 뒤 어린 왕자는 이렇게 말했다.

"별이 아름다운 건 눈에 보이지 않는 꽃이 있기 때문이야……."

어린 왕자 小さな王子さま

□ ぴかぴか 반짝반짝　□ とろんと 눈이 풀려 흐리멍덩하거나 충혈된 모양
□ ぼうっとする 넋을 놓다　□ 浮かぶ 뜨다, (표면에) 나타나다　□ ぐるぐ
る(=くるくる) 빙빙, 빙글빙글　□ 座り込む 털썩 앉다, 주저앉아 움직이지
않다　□ しーんとする 침묵, 공백이 흐르다

僕は〈そうだね〉と返事をして、月の元、だんまり、砂のでこぼこを眺める。

「砂漠は、美しい。」と、その子は言葉を続けた……。

まさに、その通りだった。僕はいつでも、砂漠が恋しかった。何も見えない。何も聞こえない。それでも、何かが、しんとする中にも、輝いている……。

王子くんは言った。「砂漠が美しいのは、どこかに井戸を隠してるから……」

僕は、どきっとした。ふいに、なぜ、砂が輝いてるのか、その謎が解けたんだ。僕が、小さな男の子だったころ、古い屋敷に住んでいた。その屋敷の言い伝えでは、宝物がどこかに隠されているらしい。

나는 "그렇지." 하고 대답하고는 말없이 달 아래 펼쳐진 울퉁불퉁한 모래를 바라보았다.

"사막은 아름답구나." 어린 왕자는 말을 이었다…….

정말 그랬다. 나는 언제나 사막이 그리웠다. 아무것도 보이지 않고 아무것도 들리지 않는다. 그럼에도 무언가가 적막 안에서 빛을 발하고 있다…….

어린 왕자가 말했다. "사막이 아름다운 건 어딘가에 우물을 감추고 있기 때문이야……."

나는 가슴이 내려앉았다. 별안간 사막의 모래가 왜 반짝였는지 그 수수께끼가 풀렸다. 내가 어렸을 때 어느 오래된 집에 살았었다. 그 집에 내려오는 전설에 따르면 집 어딘가에 보물이 숨겨져 있다고 한다.

□ でこぼこ 요철, 울퉁불퉁함 □ 美しい 아름답다 □ 恋しい 그립다 □
隠す 감추다 □ どきっと 놀람·기대 등으로 두근거리는 모양, 두근두근 □
屋敷 집의 부지, 저택 □ 言い伝え 전설, 구전 □ 宝物 보물

もちろん、誰一人として、それを見つけてないし、きっと、探す人さえいなかった。でも、その言い伝えのおかげで、その家丸ごと、魔法にかかったんだ。その家に、隠された秘密がある。どこか、奥底に……。

「そうか。」と、僕は王子くんに言った。「あの家とか、あの星とか、あの砂漠が気になるのは、そう、何かを美しくするものは、目に見えないんだ！」

「嬉しいよ。君も、僕のキツネと同じこと言ってる。」と、その子は言った。

王子くんが寝付くと、僕はすぐさま、その子を抱っこして、また歩き始めた。僕は、胸がいっぱいだった。何だか、壊れやすい宝物を、運んでるみたいだ。きっと、これだけ壊れやすいものは、地球のどこにもない、とさえ感じる。

물론 아무도 보물을 발견하지 못했고 분명 찾는 사람조차 없었다. 하지만 그 전설 덕분에 그 집은 통째로 마법에 걸렸다. 그 집에는 숨겨진 비밀이 있다. 어딘가 저 깊은 곳에…….

"그렇구나."하고 나는 어린 왕자에게 말했다. "집이든 별이든 사막이 흥미로운 이유는 그래, 무언가를 아름답게 하는 것은 눈에 보이지 않아!"

"기뻐. 아저씨도 내 친구 여우와 똑같은 말을 하고 있어." 어린 왕자가 말했다.

어린 왕자는 잠이 들고 나는 바로 그 아이를 안고 다시 걷기 시작했다. 나는 가슴이 벅찼다. 왠지 부서지기 쉬운 보물을 옮기는 듯한 느낌이었다. 분명 이 정도로 부서지기 쉬운 것은 지구 어디에도 없을 것 같은 느낌이었다.

□ 丸ごと 통째로 □ 魔法 마법 □ 奥底 깊은 속 □ 寝付く 잠들다 □ す
ぐさま 곧, 즉각 □ 抱っこ 안음, 안김 □ 胸 가슴 □ やすい 쉽다

僕は、月あかりの元、じっと見た。青白いおでこ、瞑った目、風に揺れるふさふさの髪の毛。僕はこう思う。ここで見ているのは、ただの〈殻〉。一番大事なものは、目に見えない……。

ちょっと唇が開いて、その子が微笑みそうになった。そのとき、僕は続けて、こう考えていた。『眠ってる王子くんに、こんなにもぐっと来るのは、この子が花にまっすぐだから。花の姿が、この子の中で、眠ってても、ランプの炎みたく、きらきらしてるから……』そのとき、これこそ、もっともっと壊れやすいものなんだ、って気が付いた。この火を、しっかり守らなくちゃいけない。風がびゅんと吹けば、それだけで消えてしまう……。

そうして、そんなふうに歩くうち、僕は井戸を見つけた。夜あけのことだった。

나는 달빛 아래로 어린 왕자를 가만히 내려다보았다. 창백한 이마, 감긴 눈, 바람에 나부끼는 탐스러운 머리카락. 나는 이렇게 생각했다. 지금 보이는 건 껍질에 지나지 않아. 가장 중요한 것은 눈에 보이지 않아…….

이 아이의 입술이 살짝 벌어지며 미소를 짓는 것처럼 보였다. 그때 나는 계속해서 생각하고 있었다. "잠든 어린 왕자를 보며 이렇게나 감동받는 건, 꽃 한 송이에 대한 이 아이의 변치 않는 마음 때문이야. 꽃의 형상이 이 아이가 잠드는 동안에도 램프의 불꽃처럼 반짝반짝 빛나고 있어……." 그때 이 아이가 더욱더 부서지기 쉬운 존재라는 것을 깨달았다. 이 불꽃을 잘 지켜내야 한다. 바람이 쌩하고 부는 것만으로도 사라져 버린다….

그렇게 걷다가 나는 우물을 발견했다. 동이 틀 무렵이었다.

□ 青白い 희푸르다　□ 瞑る 눈을 감다　□ ふさふさ 탐스러운 모양　□ 殻 껍질　□ 唇 입술　□ 開く 열리다　□ 微笑み 미소　□ ぐっと来る 강한 감동을 느끼다　□ 炎 불꽃, 불길　□ 風が吹く 바람이 불다　□ 夜あけ 새벽

王子くんは言った。「人って、早い機関車に夢中だけど、自分の探し物は分かってない。ということは、そわそわして、ぐるぐる回ってるだけ。」さらに続ける。

「そんなことしなくていいのに……」

僕たちが行き当たった井戸は、どうもサハラ砂漠の井戸っぽくはなかった。砂漠の井戸っていうのは、砂漠の中で、簡単な穴がぽこっと開いてるだけ。ここにあるのは、どうも村の井戸っぽい。でも、村なんてどこにもないし、僕は、夢かと思った。

「おかしい。みんな揃ってる。滑車、おけ、ロープ……」と、僕は王子くんに言った。その子は笑って、ロープを手に取り、くるくるを回した。するときぃきぃと音がした。風にご無沙汰してる、風見鶏みたいな音だった。

어린 왕자는 말했다. "사람들은 빠른 기관차에 몰두하지만, 자기가 찾고 있는 것이 무엇인지는 몰라. 결국 분주하게 빙글빙글 돌고 있을 뿐이야." 그리고 말을 계속했다.

"그러지 않아도 되는데……."

우리가 당도한 우물은 도무지 사하라 사막의 우물 같지 않았다. 사막의 우물은 사막 안에 간단한 구멍이 뻥 뚫려 있을 뿐이다. 이곳의 우물은 오히려 마을의 우물과 비슷하다. 하지만 주변에 마을은 어디에도 없기에 나는 꿈인가 생각했다.

"이상하네. 모든 게 갖추어져 있어. 도르래, 나무통, 밧줄……." 나는 어린 왕자에게 말했다. 어린 왕자는 웃으며 밧줄을 손에 쥐고 도르래를 빙글빙글 돌렸다. 그러자 삐걱삐걱 소리가 났다. 오래간만에 부는 바람에 낡은 풍향계가 내는 듯한 소리였다.

□ 早い 빠르다　□ 夢中 열중함, 몰두함　□ 行き当たる 맞닥뜨리다　□ ぽ
こっと 불뚝　□ 揃う (모두 한곳에) 모이다, (인원 등이) 차다　□ 滑車 도르
래　□ おけ 나무통　□ 手に取る 손에 들다(쥐다)　□ 風見鶏 수탉 모양의 풍
향계

「聞こえるよね。僕らのおかげで、この井戸が目覚めて、歌ってる……」と王子くんが言った。

僕は、その子に無理をさせたくなかった。

「貸して。君には、きつすぎる。」と、僕は言った。

そろりそろり、僕は、おけをふちのところまでひっぱり上げて、倒れないよう、しっかり置いた。僕の耳では、滑車が歌い続けていて、まだゆらゆらしてる水の上では、お日さまが震えて見えた。

「この水がほしい。飲ませてちょうだい……」

そのとき、僕は分かった。その子の探し物が！

僕は、その子の口元まで、おけを持ち上げた。その子は、目を瞑りながら、ごくっと飲んだ。お祝いの日みたいに、気もちよかった。その水は、ただの飲み物とは、まったく別のものだった。

"들리지. 우리 때문에 우물이 잠에서 깨서 노래하고 있어……." 하고 어린 왕자가 말했다.

나는 그 아이가 무리하지 않기를 바랐다.

"내가 할게. 너한테는 너무 힘들어."

나는 천천히 나무통을 우물 끝까지 끌어 올려 쓰러지지 않도록 잘 내려놓았다. 내 귀에서는 도르래의 노랫소리가 이어졌고 찰랑이는 물 위에서 해가 흔들려 보였다.

"이 물을 먹고 싶어. 마시게 해줘……."

그때 나는 이 아이가 찾는 것이 무엇인지 깨달았다!

나는 그 아이의 입가까지 나무통을 들어 올렸다. 그 아이는 눈을 감고 물을 꿀꺽 삼켰다. 축제 날처럼 기분이 좋았다. 그 물은 단순한 물과는 전혀 다른 물이었다.

□ **目覚める** 잠에서 깨다, 눈뜨다 □ **歌う** 노래하다 □ **貸す** 빌려주다 □
きつい (정도가) 심하다 □ **そろりそろり** 살짝, 살살 □ **ふち** 가장자리, 끝
□ **ひっぱり** 잡아당김 □ **ゆらゆら** 흔들흔들 □ **震える** 흔들리다 □ **持ち**
上げる 들어 올리다 □ **ごくっと** 꿀꺽 □ **お祝い** 축하

この水があるのは、星空の下を歩いて、　滑車の歌があって、僕が腕を振り絞ったからこそなんだ。この水は、心にいい、プレゼントみたいだ。僕が、小さな男の子だったころ。クリスマスツリーがきらきらしてて、夜ミサの音楽があって、みんな気もちよくにこにこしてたからこそ、僕のもらった、あのクリスマスプレゼントは、あんなふうに、きらきら輝いていたんだ。

王子くんが言った。「きみんとこの人たちは、5000本ものバラを一つの庭で育ててる……で、探し物は見つからない……」

「見つからないね。」と、僕は頷く。

「それなのに、探し物は、何か一輪のバラとか、ちょっとの水とかの中に見つかったりする……」

「その通り。」

王子くんは続ける。

별이 총총한 하늘 아래를 걸어 도르래의 노래가 흐르고 내 두 팔을 쥐어짜는 노력으로 얻은 물이다. 이 물은 마음에 이로운 선물 같은 것이다. 내가 어렸을 적에 받은 크리스마스 선물은 반짝이는 크리스마스트리와 저녁 미사의 음악 그리고 모두의 기분 좋은 미소가 있었기에 그렇게 반짝반짝 빛나던 것이다.

어린 왕자가 말했다. "아저씨가 사는 별에선 오천 송이나 되는 장미를 한 정원에서 가꾸지……. 하지만 그 사람들이 찾는 것은 거기에 없어……."

"없지."하고 나는 끄덕였다.

"하지만 단 한 송이 장미꽃이나 물 한 모금에서 찾던 것을 발견하기도 해……."

"그렇지."

어린 왕자는 계속했다.

어린 왕자 小さな王子さま

□ 星空 별이 총총한 하늘 □ 腕 팔 □ 振り絞る 짜내다 □ プレゼント 선물 □ クリスマスツリー 크리스마스 트리 □ ミサ 미사, 미사곡 □ 音楽 음악 □ にこにこ 생긋생긋, 싱글벙글 □ 育てる 키우다

「でも、目じゃ真っ暗だ。心で探さなくちゃいけない。」

僕は水を飲んだ。深呼吸する。砂漠は、夜あけで、蜂蜜色だった。僕も嬉しかった、蜂蜜色だったから。もう、無理をしなくてもいいんだ……。

「ねぇ、約束を守ってよ。」と、王子くんはぽつりと言って、もう一度、僕のそばに座った。

「何の約束？」「ほら……ヒツジの口輪……僕は、花にお返ししなくちゃなんないんだ！」

僕はポケットから、試しに書いた絵を取り出した。

王子くんはそれを見ると、笑いながら、こう言った。

「君のバオバブ、ちょっとキャベツっぽい……」

「えっ！」

バオバブはいいできだと思っていたのに！

"하지만 눈으로는 찾으려 하면 깜깜할 뿐이야. 마음으로 찾아야지."

나는 물을 마시고 심호흡했다. 동틀 무렵의 사막은 벌꿀색이었다. 이 빛깔로도 나는 기뻤다. 이제 무리하지 않아도 된다…….

"있잖아, 약속은 꼭 지켜." 어린 왕자가 불쑥 말하고는 다시 한번 내 곁에 앉았다.

"무슨 약속?" "있잖아……양에게 씌울 부리망……나는 꽃에 돌려줘야 한다고!"

나는 주머니에서 끄적거려본 그림을 꺼냈다.

어린 왕자는 그것을 보고 웃으며 말했다.

"아저씨가 그린 바오밥나무, 좀 양배추 같아……."

"이런!"

바오밥나무는 아주 잘 그렸다고 생각했는데!

어린 왕자 小さな王子さま

□ 真っ暗 아주 캄캄함, 암흑　□ 深呼吸 심호흡　□ 夜あけ 새벽　□ 蜂蜜 꿀
□ 約束 약속　□ ぽつりと 오도카니　□ 試しに 시험삼아　□ キャベツ 양
배추

「君のキツネ……この耳……ちょっとツノっぽい……長すぎる
よ！」その子は、からからと笑った。

「そんなこと言わないでよ、ぼうや。僕は、中の見えないボア
と、中の見えるボアしか、絵ってものをしらないんだ。」

その子は笑って、ロープを手に取り、滑車をくるくると回した。
그 아이는 웃으며 밧줄을 손에 쥐고 도르래를 빙글빙글 돌렸다.

"아저씨가 그린 여우……이 귀……약간 뿔 같아……너무 길다고!" 어린 왕자는 깔깔
웃었다.

"그런 말 마, 꼬마야. 나는 속이 보이지 않는 보아뱀과 속이 보이는 보아뱀 그림밖에
모른다고."

어린 왕자 小さな王子さま

「ううん、それでいいの。子供は分かってる。」

そんなわけで、僕は、鉛筆で口輪を描いた。それで、その子にあげたんだけど、そのとき、なぜだか心が苦しくなった。

「ねぇ、僕に隠れて、何かしようとしてる……？」

でも、その子はそれに答えず、こう、僕に言った。

「僕、地球に落っこちて……明日で１年になるんだ……」

その後、だんまりしてから、

「ここの近くに落っこちたんだ……」と言って、顔をまっ赤にした。

そのとき、また、なぜだか分からないけど、変に悲しい気もちになった。それなのに、僕は聞いてみたくなったんだ。

「じゃあ、１週間前、僕と君が出会ったあの朝、君があんなふうに、人の住むところのはるかかなた、

"아니야, 그거면 충분해. 아이들은 아니깐."

그리하여 나는 연필로 부리망을 그렸다. 그림을 어린 왕자에게 주었는데, 그때 왠지 마음이 몹시 슬퍼졌다.

"있잖아, 나한테 숨기고 무언가 하려고 하는 거니……?"

하지만 그 아이는 물음에 대답하지 않고 이렇게 말했다.

"내가 지구에 떨어진 지……내일이면 1년이 돼……."

그러고 나서 잠시 잠자코 있더니

"이 근처에서 떨어졌었어……." 하며 얼굴을 붉혔다.

그때, 또 왜 그런지 모르겠지만, 이상하게 슬픈 기분이 들었다. 그런데도 나는 물어보고 싶어졌다.

"그럼, 일주일 전에 너와 내가 만났던 그날 아침, 네가 그렇게 사람 사는 곳에서 저 멀리 떨어진 곳에

□ 明日 내일

一人っきりで歩いていたのは、たまたまじゃないってこと?! 君は、落ちたところに、戻ってるんだね?」

王子くんは、もっと赤くなった。僕は、ためらいつつも続けた。

「もしかして、1年経ったら……?」王子くんは、またまたまっ赤になった。質問には答えなかったけど、でも、赤くなるってことは、〈うん〉って言ってるのと同じってことだから。

「ねぇ! 大丈夫……?」と、僕は言った。それでも、その子は答えなかった。

「君は、もう、やることをやらなくちゃいけない。自分の絡繰りのところへ帰らなきゃいけない。僕は、ここで待ってる。明日の夜、帰ってきてよ……」どうしても、僕は落ち着けなかった。キツネを思い出したんだ。誰であっても、懐けられたら、ちょっと泣いてしまうものなのかもしれない……。

혼자 걷고 있었던 것은 우연이 아니었구나?! 네가 지구에 떨어진 지점으로 돌아가고 있던 거니?"

어린 왕자는 또다시 얼굴을 붉혔다. 나는 주저하면서도 계속했다.

"혹시 1년이 된 거니……?" 어린 왕자는 다시 얼굴이 새빨갛게 달아올랐다. 대답하지는 않았지만, 얼굴이 붉어졌다는 것은 '그렇다'라고 말하는 것과 똑같은 뜻이니까.

"그렇지! 괜찮은 거야……?" 나는 말했다. 그럼에도 그 아이는 대답하지 않았다.

"아저씨는 이제 할 일을 해야 해. 비행기가 있는 곳으로 돌아가야 해. 난 여기서 기다릴게. 내일 저녁에 돌아와……." 하지만 나는 마음을 다잡을 수 없었다. 여우가 떠올랐던 것이다. 누구라도 길들여지면, 조금 울어 버리게 되는지도 모른다…….

□ ためらう 주저하다, 망설이다 □ もしかして 만약 □ 経つ 지나다, 경과
하다 □ 絡繰り 계략, 꿍꿍이 □ 落ち着く 안정되다

26

井戸のそばに、壊れた古い石の壁(かべ)があった。次の日の夕方(ゆうがた)、僕が

やることをやって戻ってくると、遠くのほうに、王子くんがその壁

の上に座って、足をぶらんとさせているのが見えた。その子の話(はな)し

声(ごえ)も聞こえてくる。

「じゃあ、君は覚えてないの？」と、その子は言った。「違うっ

て、ここは！」

その子の言葉に、何かが返事をしているみたいだった。

「そうだけど！ そう、今日なんだけど、違うんだって、ここじゃ

ないんだ……」

僕は、壁のほうへ歩いて行った。けれど、何も見えないし、何も

聞こえない。それでも、王子くんはまた言葉を返していた。

우물 옆에 부서진 낡은 벽이 있었다. 다음 날 저녁때 할 일을 마치고 돌아오는데 저 멀리서 어린 왕자가 벽 위에 앉아 두 다리를 축 늘어뜨리고 있는 것이 보였다. 어린 왕자의 말소리도 들렸다.

"그럼, 너는 기억을 못 하는 거니?" 어린 왕자가 말했다. "아니라고, 여기는!"

그 아이의 말에 누군가가 답을 하는 것 같았다.

"그렇긴 한데! 그래, 오늘이긴 한데, 아니라니까, 여기가 아니야……."

나는 벽 쪽으로 걸어갔다. 하지만 아무것도 보이지 않고, 아무것도 들리지 않았다. 그런데도 어린 왕자는 말을 계속했다.

□ 壁 벽　□ 夕方 저녁때　□ ぶらんと 물건이 아래로 늘어져 있는 모양
□ 話し声 말소리

「……そうだよ。砂漠に着いた、僕の足あとが、どこから始まってるか分かるでしょ。君は待つだけでいいの。僕は、今日の夜、そこにいるから。」

　僕は、壁から20メートルのところまで来たけど、まだ何も見えない。

　王子くんは、だんまりした後、もう一度言った。

「君の毒は、大丈夫なの？　本当に、じわじわ苦しまなくてもいいんだよね？」

　僕は心が苦しくなって、立ち止まったけれど、どうしてなのか、やっぱり分からなかった。

「とにかく、もう行ってよ。」と、その子は言った。

「……僕は下りたいんだ！」

　"……그래. 사막에 찍힌 내 발자국이 어디서부터 시작되는지 알잖아. 너는 기다리기만 하면 돼. 오늘 밤 거기에 있을 테니깐."
　나는 벽에서 20미터 거리까지 왔지만, 아직 아무것도 보이지 않았다.
　어린 왕자는 잠자코 있다가 다시 말했다.
　"너의 독은 괜찮은 거야? 정말 오랫동안 괴로워하지 않아도 되는 거지?"
　나는 마음이 괴로워져 멈춰 섰지만, 무슨 영문인지는 역시 알 수 없었다.
　"하여튼, 이제 가." 어린 왕자가 말했다.
　"나, 내려가고 싶어!"

어린 왕자 小さな王子さま

□ 着く 도착하다 □ 足あと 발자국 □ 始まる 시작되다 □ 毒 독 □ じわ
じわ 천천히 조금씩 확실하게 사물이 진행되는 모양 □ 立ち止まる 멈추어
서다

そのとき、僕は気になって、壁の下のあたりを覗き込んでみた。

僕は、飛び上がった。なんと、そこにいたのは、王子くんのほうへ

構えている、黄色いヘビが１匹。人を30秒で殺してしまうやつだ。

「とにかく、もう行ってよ。」と、その子は言った。

「……僕は下りたいんだ！」

"하여튼, 이제 가." 어린 왕자가 말했다.

"나, 내려가고 싶어!"

그제야 알아차리고 벽 아래 근처를 들여다본 나는 놀라 펄쩍 뛰었다. 그곳에 있던 것
은 무려 어린 왕자 쪽에 자리를 잡은 노란 뱀 한 마리였다. 사람을 30초 만에 죽여버리
는 녀석이다.

어린 왕자 小さな王子さま

□ 覗き込む 얼굴을 내밀면서 들여다보다 □ 飛び上がる 날아오르다 □ 構
える 꾸미다, 자세를 취하다 □ 黄色い 노랗다 □ 秒 초 □ 殺す 죽이다

僕はピストルを撃とうと、懸命にポケットの中を探りながら、駆け足で向かった。だけど、僕のたてた音に気づいて、ヘビは砂の中へ、噴水が止むみたいに、しゅるしゅると引っ込んでしまった。それからは、急ぐようでもなく、石の間をカシャカシャと軽い音をたてながら、すり抜けて行った。

僕は、なんとか壁まで行って、かろうじてその子を受け止めた。僕のぼうや、僕の王子くん。顔が、雪のように青白い。

「いったいどういうこと！ さっき、君、ヘビとしゃべってたよね！」

僕は、その子のいつもつけているマフラーを解いた。こめかみを締めらせ、水を飲ませた。とにかく、僕はもう何も聞けなかった。その子は、思い詰めた様子で、僕のことをじっと見て、僕の首に縋り付いた。

나는 권총으로 쏘려고 열심히 주머니 속을 뒤적이며 빠른 걸음으로 걸었다. 하지만 내가 낸 소리를 듣고 뱀은 잦아드는 분수처럼 모래 속으로 스르륵 들어가 버렸다. 그러고는 서두르지도 않고 돌 사이를 잘가닥잘가닥 가벼운 소리를 내며 빠져나갔다.

나는 가까스로 벽까지 가서 간신히 그 아이를 받아냈다. 나의 꼬마, 나의 왕자. 얼굴이 눈처럼 창백하다.

"도대체 어떻게 된 거야! 아까 너 뱀이랑 얘기했던 거 맞지!"

나는 그 아이가 늘 두르고 있는 스카프를 느슨하게 풀었다. 관자놀이를 누르며 물을 먹였다. 아무튼 더 이상 아무것도 물을 수 없었다. 그 아이는 생각에 잠긴 듯 물끄러미 나를 보더니 내 목에 매달렸다.

어린 왕자 小さな王子さま

□ ピストル 권총 □ 撃つ (총포·화살 등을) 쏘다, 발사하다 □ 懸命に 힘껏,
필사적 □ 探る 뒤지다, 더듬어보다 □ 駆け足 뛰어감, 구보 □ 音をたてる
소리를 내다 □ 噴水 분수 □ 止む 멈추다 □ しゅるしゅると (매끄럽게)
스르르 나아가다[기어가다] 스르르 □ カシャカシャ 마르고 딱딱한 것이 서
로 닿는 소리. 딸가닥딸가닥, 대그락대그락, 잘각잘각 □ すり抜ける (좁은
틈새를) 빠져나가 □ かろうじて 겨우, 간신히 □ 雪 눈 □ マフラー 머플
러 □ 解く 풀다 □ こめかみ 관자놀이 □ 締める 죄다, 조르다 □ 縋り付
く 매달리다, 달라붙다

その子の心臓のどきどきが伝わってくる。鉄砲に打たれて死んでゆく鳥みたいに、弱弱しい。その子は言う。

「嬉しいよ、君は、自分の絡繰りに足りないものを見つけたんだね。もう、君んちに帰ってゆけるね……」

「どうして、分かるの？」

僕は、ちょうど知らせに来るところだった。考えてたよりも、やるべきことがうまくいったんだ、って。

その子は、僕の聞いたことには答えなかったけど、こう続けたんだ。

「僕もね、今日、僕んちに帰るんだ……」

それから、寂しそうに、

「はるかにずっと遠いところ……はるかにずっと難しいけど……」

그 아이 심장의 두근거림이 전해져 왔다. 총에 맞아 죽어가는 새처럼 연약하다. 어린 왕자는 말했다.

"기뻐. 아저씨는 비행기의 문제가 뭔지 알아냈구나. 이제 아저씨 집으로 돌아갈 수 있네……."

"어떻게 알았어?"

나는 생각했던 것보다 일이 잘 풀렸다고 막 말해주려던 참이었다.

그 아이는 내 물음에는 답하지 않고 계속 말했다.

"나도 오늘 우리 집으로 돌아가……."

그리고 쓸쓸한 듯이,

"거긴 훨씬 더 먼 곳이고……훨씬 더 가기 어려워……."

어린 왕자 小さな王子さま

□ 心臓 심장 □ 伝わる 전해지다 □ 鳥 새 □ 弱弱しい 연약하다 갸냘프
다 □ 足りない 모자라다 □ 知らせる 알리다

僕は、ひしひしと感じた。何か、とんでもないことが起ころうとしている。僕は、その子をぎゅっと抱き締めた。小さな子供にするみたいに。なのに、それなのに、僕には、その子がするっと抜け出て、穴に落ちてしまうような気がした。僕には、それを止める力もない……。

その子は、遠い目で、何かをちゃんと見ていた。

「君のヒツジがあるし、ヒツジのためのハコもあるし、口輪もある……」

そう言って、その子は、寂しそうに微笑んだ。

僕は、ただじっとしていた。その子の体が、ちょっとずつ火照っていくのが分かった。

「ぼうや、怖いんだね……」

나는 강하게 느꼈다. 무언가 터무니없는 일이 일어나려고 하고 있다. 나는 어린아이를 안듯이 그 아이를 꽉 껴안았다. 그런데도 나에게는 그 아이가 스르르 빠져나와 구멍에 빠져 버릴 것 같은 기분이 들었다. 나에게는 그것을 멈출 힘도 없다…….

그 아이는 먼 곳을 보는 듯한 눈으로 무언가를 지긋이 보고 있었다.

"아저씨가 그려준 양이 있고, 양을 위한 상자도 있고 부리망도 있네…….."

그렇게 말하고 그 아이는 쓸쓸한 듯이 미소 지었다.

나는 그저 가만히 있었다. 그 아이의 몸이 조금씩 달아오르는 것이 느껴졌다.

"애야, 두려워하고 있구나…….."

□ ひしひし 강하게 느끼는 모양 　□ ぎゅっと 꽉 　□ するっと 스스로
□ 抜け出る 빠져나오다 　□ 遠い目 멀리 보는 눈. 사물을 그리워하거나 과
거를 떠올릴 때의 모습 　□ 寂しい 쓸쓸하다, 적적하다 　□ 微笑む 미소짓다
□ 火照る 뜨거워지다

怖いのは、当たり前なのに！ でも、その子は、そっと笑って、

「夜になれば、はるかにずっと怖くなる……」

もうどうしようもないんだって思うと、僕はまた、ぞっとした。

僕は、この笑い声が、もう絶対に聞けないなんて、どうしても、

受け入れることができなかった。この笑い声が、僕にとって、砂漠

の中の水くみ場のようなものだったんだ。

「ぼうや、僕はもっと、君の笑い声が聞きたいよ……」

でも、その子は言った。

「夜が来れば、1年になる。僕の星が、ちょうど、1年前に落っ

こちたところの上に来るんだ……」

「ぼうや、これは悪い夢なんだろ？ ヘビのことも、会うことも、

星のことも……」

무서운 건 당연한 건데! 하지만 그 아이는 살짝 미소 지었다.

"밤이 되면 훨씬 더 무서워져……."

이젠 어찌할 도리가 없다고 생각하니 나는 다시 등골이 서늘해졌다.

나는 이 웃음소리를 이제 다시는 들을 수 없다는 사실을 도저히 받아들일 수가 없었다. 이 웃음소리가 나에게는 사막의 샘과 같은 것이었다.

"꼬마야, 나는 네 웃음소리를 더 듣고 싶어……."

하지만 어린 왕자는 말했다.

"오늘 밤이면 1년이 돼. 내 별은 딱 1년 전에 떨어졌던 곳 바로 위에 올 거야……."

"꼬마야, 이건 나쁜 꿈이지? 뱀에 대한 것도 우리가 만난 것도 별에 대한 것도……."

□ ぞっとする 소름이 끼치다, 등골이 서늘해지다　□ 受け入れる 받아들이다　□ 笑い声 웃음소리

でも、その子は、僕の聞いたことに答えず、こう言った。

「大事なものっていうのは、見えないんだ……」

「そうだね……」

「それは花も同じ。君がどこかの星にある花を好きになったら、夜、空を見るのが心地よくなる。どの星にもみんな、花が咲いてるんだ……」

「そうだね……」

「それは水も同じ。君が僕に飲ませてくれた水は、まるで音楽みたいだった。滑車とロープのおかげ……そうでしょ……よかったよね……」

하지만 그 아이는 내가 물은 말에 대답하지 않고 이렇게 말했다.

"중요한 건 눈에 보이지 않아……."

"그렇지……."

"꽃도 마찬가지야. 어느 별에 사는 꽃을 좋아하게 되면 밤에 하늘을 보는 것이 좋아질 거야. 어느 별이든 꽃이 피어있을 테니까……."

"맞아……."

"그건 물도 마찬가지야. 아저씨가 내게 먹여준 물은 마치 음악과 같았어. 도르래와 밧줄 덕분에……그렇지……좋았었지……."

어린 왕자 小さな王子さま

□ 心地 기분

「そうだね……」

「夜になると、星空を眺める。僕んちは小さすぎるから、どれだか教えてあげられないんだけど、かえって、その方がいいんだ。僕の星っていうのは、君にとっては、あのたくさんのうちの一つ。だから、どんな星だって、君は見るのが好きになる……みんなみんな、君の友だちになる。そうして、僕は君に、贈(おく)り物(もの)をするんだよ……」

その子は、からからと笑った。

「ねぇ、ぼうや。僕は、その笑い声が大好きなんだ！」

「うん、それが僕の贈(おく)り物(もの)……水と同じ……」

「どういうこと？」

"그랬지……."

"밤이 되면 별하늘을 봐. 내가 사는 별은 너무 작아서, 어느 것인지 가르쳐 줄 수 없지만, 오히려 그게 좋아. 내 별은 아저씨에게 저 수많은 별 중 하나일 테니. 무슨 별을 보든 좋을 거야……. 모든 별이 아저씨의 친구가 되는 거지. 그리고 아저씨에게 줄 선물이 있어……."

어린 왕자는 깔깔 웃었다.

"얘야, 꼬마야. 난 네 웃음소리가 정말 좋아!"

"응, 이게 내 선물이야……. 물이랑 똑같아……."

"무슨 말이야?"

어린 왕자 小さな王子さま

□ かえって 도리어, 오히려 □ 贈り物 선물

「人には、みんなそれぞれにとっての星があるんだ。旅人（たびびと）には、星は目印（めじるし）。他の人にとっては、ほんの小さなあかりにすぎない。頭のいい人にとっては、調べるものだし、あの仕事人間にとっては、お金の元。でも、そういう星だけど、どの星もみんな、何にも言わない。で、君にも、誰とも違う星があるんだよ……」

「どういう、こと？」

「夜、空を眺めたとき、そのどれかに僕が住んでるんだから、そのどれかで僕が笑ってるんだから、君にとっては、まるで星みんなが笑ってるみたいになる。君には、笑ってくれる星空があるってこと！」

"사람들은 저마다의 별이 있어. 여행자에게 별은 길잡이가 되고 누군가에겐 그저 아주 작은 불빛에 지나지 않아. 머리가 좋은 사람에게 별은 알아봐야 할 대상이고 일쟁이들에게는 돈이 돼. 그 모든 별은 말이 없지. 하지만 아저씨에게는 그 누구와도 다른 별이 있어……."

"무슨 뜻이야?"

"밤에 하늘을 보면 수많은 별 가운데 하나에 내가 살고 거기에서 내가 웃고 있을 거야. 그러니까 아저씨에게는 마치 모든 별이 웃고 있는 것이 돼. 아저씨에게는 웃어주는 별하늘이 생긴 거야!"

어린 왕자 小さな王子さま

□ 旅人 여행자, 나그네 □ 目印 표지

その子は、からからと笑った。

「だから、君の心が癒えたら（人の心はいつかは癒えるものだから）、君は、僕と出会えてよかったって思うよ。君は、いつでも僕の友だち。君は、僕と一緒に笑いたくてたまらない。だから、君は時々、窓を開ける、こんなふうに、楽しくなりたくて……だから、君の友だちはびっくりするだろうね、自分の前で、君が空を見ながら笑ってるんだもん。そうしたら、君はこんなふうに言う。『そうだ、星空は、いつだって僕を笑わせてくれる！』だから、その人たちは、君の頭がおかしくなったと思う。僕は君に、とっても 質の悪いいたずらをするってわけ……」

　そして、からからと笑った。

어린 왕자는 깔깔 웃었다.

"그러니 언젠가 아저씨의 마음이 나으면(사람의 마음은 언젠가는 치유되니까), 아저씨는 나와 만나서 다행이었다고 생각할 거야. 아저씨는 언제까지나 내 친구야. 아저씨는 나와 함께 웃고 싶어서 견딜 수 없잖아. 그래서 아저씨는 가끔 창문을 열겠지, 이렇게 즐거워지고 싶으니까……. 아저씨 친구들은 깜짝 놀랄 거야. 아저씨가 하늘을 보면서 웃고 있으니까. 그러면 아저씨는 이렇게 말해. '그래, 밤하늘은 언제나 나를 웃게 하는군!' 사람들은 아저씨 머리가 이상해졌다고 생각할 거야. 나는 아저씨에게 아주 짓궂은 장난을 치는 거야……."

　그리고는 깔깔 웃었다.

어린 왕자 小さな王子さま

□ 癒える 병이 낫다　□ 質の悪い 질이 나쁜, 고약한　□ いたずら (짓궂은) 장난

「星空のかわりに、からから笑う、小さなすずを、たくさんあげたみたいなもんだね……」

からからと笑った。それからまた、ちゃんとした声で。

「夜には……だから……来ないで。」

「君を、一人にはしない。」

「僕、ぼろぼろに見えるけど……ちょっと死にそうに見えるけど、そういうものなんだ。見に来ないで。そんなことしなくていいから……」

「君を、一人にはしない。」でも、その子は気になるようだった。

「あのね……ヘビがいるんだよ。君に噛み付くといけないから……ヘビっていうのは、すぐ襲い掛かるから、ほしいままに、噛み付くかもしれない……」

"별하늘 대신 웃을 수 있는 작은 방울을 잔뜩 준 셈이지……."

어린 왕자는 다시 웃었다. 그러고는 다시 진지한 목소리로

"밤에는……. 그러니까……. 오지 마."

"너를 혼자 두지 않을 거야."

"나, 만신창이처럼 보일 거야……. 죽을 것 같이 보이겠지만, 그런 거야. 보러 오지 마. 그러지 않아도 되니까……."

"너를 혼자 두지 않을 거야." 그러나 그 아이는 신경이 쓰이는 모양이었다.

"실은……. 뱀이 있어. 뱀이 아저씨를 물면 안 되니까……. 뱀은 바로 달려들 테고 원이 풀릴 때까지 물지도 몰라……."

어린 왕자 小さな王子さま

□ すず 방울 □ ぼろぼろ 너덜너덜 □ 噛み付く 달려들어 물다, 물고 늘어
지다 □ 襲い掛かる 덤벼들다

「君を、一人にはしない。」

　でも、ふっと、その子は落ち着いて、

「そっか、毒は、また噛み付くときには、もうなくなってるんだ……」

　あの夜、僕は、あの子がまた歩き始めたことに気が付かなかった。あの子は、音もなく抜け出していた。僕がなんとか追い付くと、あの子は、脇目も振らず、はや足で歩いていた。あの子はただ、こう言った。

"너를 혼자 두지 않을 거야."
　하지만 문득 그 아이는 침착하게
"그렇구나, 뱀이 다시 물 때 독은 이미 없겠네……."
　그날 밤 나는 그 아이가 다시 걷기 시작했음을 알아차리지 못했다. 그 아이가 소리도 없이 사라져 버린 것이다. 내가 어떻게든 따라잡았을 때, 그 아이는 열심히 빠른 걸음으로 걷고 있었다. 어린 왕자는 그저 이렇게 말했다.

어린 왕자 小さな王子さま

□ 抜け出す 빠져나가다　□ 追い付く (앞서가는 것에) 따라붙다　□ 脇目も
振らず 한눈 팔지 않고 열심히　□ はや足 빠른 걸음

「あっ、来たんだ……」

それから、あの子は僕の手を取ったんだけど、また悩みだした。

「だめだよ。君が傷つくだけだよ。僕は死んだみたいに見えるけど、本当はそうじゃない……」

僕は、何も言わない。

「分かるよね。遠すぎるんだ。僕は、この体を持って行けないだ。重すぎるんだ。」

僕は、何も言わない。

「でもそれは、脱ぎ捨てた、抜け殻と同じ。抜け殻なら、切なくはない……」

僕は、何も言わない。

あの子は、ちょっと沈んだ。でもまた、声を振り絞った。

"아, 왔구나……."

그러고 나서 그 아이는 내 손을 잡았지만, 다시 고민하기 시작했다.

"이러면 안 돼. 아저씨가 상처받을 뿐이야. 나는 죽은 것처럼 보일 거야, 하지만 실은 그렇지 않아……."

나는 아무 말도 하지 않았다.

"알다시피 거긴 너무 멀어. 나는 이 몸을 가지고 갈 수 없어. 너무 무거우니까."

나는 아무 말도 하지 않았다.

"하지만 그저 낡은 허물을 버리는 것뿐이야. 허물을 보고 슬퍼할 필요는 없어……."

나는 아무 말도 하지 않았다.

그 아이는 조금 침울해졌다. 하지만 다시 힘을 내려고 애썼다.

어린 왕자 小さな王子さま

□ 手を取る 손을 잡다　□ 悩む 고민하다, 번민하다　□ 傷つく (몸을) 다치
다, 상처를 입다　□ 重い 무겁다　□ 脱ぎ捨てる 벗어던지다　□ 抜け殻 빈
껍질, 허물　□ 沈む 가라앉다, 침울하다, 잠기다　□ 振り絞る 쥐어짜내다

「素敵なこと、だよね。僕も、星を眺めるよ。星はみんな、錆び<ruby>錆<rt>さ</rt></ruby>びたくるくるのついた井戸なんだ。星はみんな、僕に、飲むものを注<ruby><rt>そそ</rt></ruby>いでくれる……」

僕は、何も言わない。

「すっごく楽しい！ 君には5億のすずがあって、僕には5億の水くみ場がある……」

そしてその子も、何も言わない。だって、泣いていたんだから……。

「ここだよ。一人で、歩かせて。」

そう言って、あの子は座り込んだ。怖かったんだ。あの子は、こう続けた。

"참 멋진 일이야, 그렇지? 나도 별을 바라볼게. 모든 별은 녹슨 도르래가 달린 우물이야. 모든 별이 내게 마실 물을 부어줄 거야……."

나는 아무 말도 하지 않았다.

"정말 신난다! 아저씨에게는 방울이 5억 개나 있고 나에게는 샘이 5억 개가 있는 거야……."

그리고 어린 왕자는 말이 없었다. 왜냐하면 울고 있었으니까…….

"여기야. 나 혼자 걷게 해줘."

그렇게 말하고 그 아이는 주저앉았다. 무서웠던 것이다. 그리고 말했다.

어린 왕자 小さな王子さま

□ 錆びる 녹슬다　□ 注ぐ (물·눈물·비·눈 따위가) 쏟아지다

「分かるよね……僕の花に……僕は、返さなきゃいけないんだ！

それに、あの子はすっごくか弱い！それに、すっごくむじゃき！

周りから身を守るのは、つまらない、四つのトゲ……」

　僕も座り込んだ。もう立ってはいられなかった。

「ただ……それだけ……」

"알죠……내 꽃에……. 나는 돌려줘야 할 게 있어! 그 아이는 너무 연약하고 너무
나 천진난만하거든! 주변으로부터 자기 몸을 지키는 것이라곤 고작 네 개의 가시뿐이
야……."

　나도 그 자리에 주저앉았다. 더 이상 서 있을 수 없었다.

"단지…… 그것뿐이야……."

어린 왕자 小さな王子さま

あの子はちょっとためらって、その後立ち上がった。1歩だけ、前に進む。僕は動けなかった。

何かが、黄色く光っただけだった。踝の近く。あの子の動きが、一瞬だけ止まった。声もなかった。あの子は、そうっと倒れた。木が倒れるようだった。音さえもしなかった。砂のせいだった。

あの子は、そうっと倒れた。木が倒れるようだった。
어린 왕자는 스르륵 쓰러졌다. 나무가 쓰러지는 것 같았다.

어린 왕자는 좀 머뭇거리다가 그 뒤에 일어났다. 한 걸음 앞으로 나아갔다. 나는 움직일 수 없었다.

무언가가 노랗게 빛나기만 했을 뿐이다. 복사뼈 근처였다. 그 아이의 움직임이 순간 멈췄다. 어떤 소리도 나지 않았다. 그렇게 스르륵 쓰러졌다. 나무가 쓰러지는 것 같았다. 모래 때문에 소리조차 나지 않았다.

어린 왕자 小さな王子さま

□ 立ち上がる (앉거나 누워 있다가) 일어나다　□ 踝 복사뼈　□ 一瞬 한순간　□ 倒れる 쓰러지다

今となっては、あれももう、６年前のこと。僕は、この出来事を、今まで誰にも話さなかった。仲間は、僕の顔を見て、無事に帰って来たことを喜んでくれた。僕は、切なかったけど、あいつらには、こう言った。「いやあ、懲り懲りだよ……」

もう今では、僕の心も、ちょっと癒えている。その、つまり……まったくってわけじゃない。でも、僕にはよく分かっている。あの子は、自分の星に帰ったんだ。だって、夜が明けても、あの子の体は、どこにも見当たらなかったから。体は、そんなに重くなかったんだろう……。そして、僕は夜、星に耳を傾けるのが好きになった。5億のすずと同じなんだ……。

이제 와서 보니 이것도 벌써 6년 전의 일이다. 나는 이 일에 대해 지금까지 아무에게도 말하지 않았다. 동료들은 내 얼굴을 보고 무사히 돌아온 것을 기뻐해 주었다. 나는 슬펐지만, 그들에게는 이렇게 말했다. "이야, 지긋지긋했어……."

이제는 내 마음도 어느 정도 아물었다. 물론…… 완전히 아문 것은 아니다. 하지만 나는 그 아이가 자기 별로 돌아갔음을 잘 알고 있다. 왜냐하면 동이 틀 때 그 아이의 몸을 어디에서도 찾을 수 없었기 때문이다. 그렇게 무겁지도 않은 몸이었다……. 그리고 나는 밤이면 별들에 귀 기울이기를 좋아하게 되었다. 별은 5억 개의 방울과 같다…….

□ 出来事 (우발적인) 사건, 일　□ 仲間 동료　□ 無事に 무사히, 별일없게
□ 懲り懲り 지긋지긋함, 넌더리가 남　□ 癒える 아물다, 낫다, 치유되다　□
夜が明ける 날이 새다　□ 体 몸, 육체　□ 見当たる (찾던 것이) 발견되다, 눈
에 띄다　□ 傾ける 기울이다

でも、本当に、とんでもないことも起こってしまった。口輪をあの王子くんに描いてあげたんだけど、皮の紐を書き足すのを忘れていたんだ！ そんなんじゃどうやっても、ヒツジを繋ぐことはできない。なので、僕は、考え込んでしまう。『あの子の星では、どういうことになってるんだろう？ ひょっとして、ヒツジが花を食べてやしないか……』

こうも考える。『あるわけない！ あの王子くんは、自分の花を一晩中ガラス覆いの中に隠して、ヒツジから目を離さないはずだ……』そうすると、僕は幸せになる。そして、星がみんな、そっと笑ってくれる。

그런데 정말 어처구니없는 일이 일어나버렸다. 어린 왕자에게 그려준 부리망에 가죽끈을 덧그리는 것을 잊어버렸다! 그래서는 어떻게 해도 양을 붙잡아 둘 수 없다. 나는 생각에 빠졌다. '그 아이의 별에서는 무슨 일이 일어났을까? 혹시 양이 꽃을 먹어버리지 않았겠지…….'

이런 생각도 한다. '그럴 리가 없지! 어린 왕자는 자신의 꽃을 저녁내 유리 덮개에 숨겨놓고 양에게서 눈을 떼지 않을 거야…….' 그렇게 생각하면 나는 행복해진다. 그리고 별들이 모두 살며시 웃어준다.

어린 왕자 小さな王子さま

□ 皮 가죽 □ 紐 끈 □ 書き足す 보충해서 더 쓰다 □ 考え込む 골똘히 생각하다, 생각에 잠기다 □ ひょっとして 어쩌다가, 만일 □ 一晩中 밤새도록

また、こうも考える。『人っていうのは、１度や２度、気が緩む<ruby>き<rt>ゆる</rt></ruby>けど、それが危ないんだ！ あの王子くんが夜、ガラスの覆いを忘れてしまったりとか、ヒツジが夜のうちに、こっそり抜け出たりとか……』そうすると、すずは、すっかり涙に変わってしまう……。

すごく、ものすごく、不思議なことだ。あの王子くんが大好きな君たちにも、そして僕にとっても、宇宙ってものが、ただそのどこかで、どこか知らないところで、僕たちの知らないヒツジが、一つバラを食べるか、食べないかってだけで、まったく別のものになってしまうんだ……。

空を見てみよう。心で考えてみよう。『あのヒツジは、あの花を食べたのかな？』そうしたら、君たちは、まったく別のものが見えるはずだ。そして、大人の人は、絶対、一人も分からない。それがすっごく大事なんだってことを！

또 이렇게도 생각한다. '사람이란 한두 번 마음이 해이해지는데, 그때가 위험한 거다! 밤에 유리 덮개 씌우는 것을 잊어버린다던가 양이 밤사이 몰래 빠져나간다거나 한다면…….' 그러면 모든 방울은 눈물로 변해 버린다…….

정말, 정말, 신기한 일이다. 어린 왕자를 너무나 좋아하는 독자들에게도 그리고 나에게도 우주라는 곳 그 어딘가에서, 누구도 알지 못하는 곳에서, 우리가 모르는 양이 장미꽃을 먹었느냐 아니냐에 따라 전혀 다른 세상이 되어버리다니…….

하늘을 보라. 그리고 마음으로 생각해 보라. '양은 꽃을 먹었을까?' 생각하기에 따라 독자들은 전혀 다른 세상을 보게 될 것이다. 그리고 어른들은 이것이 얼마나 중요한지 단 한 사람도 이해하지 못할 것이다!

□ 気が緩む 마음(의 긴장)이 해이해지다   □ こっそり 가만히, 살짝

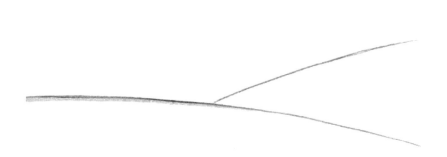

これは、僕にとって、世界一番きれいで、一番切ない景色です。

さっきのページのものと、同じ景色なんですが、君たちによく見て

もらいたいから、もう一度書きます。小さな王子くんが、地上に現

れたのは、ここ。それから消えたのも、ここ。

이것은 제게 세상에서 가장 아름답고도 가장 슬픈 풍경입니다.

앞 페이지에서 나온 그림과 같은 풍경입니다만, 독자분들에게 잘 보여주고 싶어서 다시 한번 그립니다. 어린 왕자가 지상에 나타난 곳이 이곳, 사라진 곳 또한 이곳입니다.

어린 왕자 小さな王子さま

□ 景色 경치, 풍경 □ ページ 페이지 □ 地上 지상 □ 現われる 모습을 드
러내다

しっかり、この景色を見てください。もし、いつか君たちが、アフリカの砂漠を旅したとき、ここがちゃんと分かるように。それと、もし、ここを通ることがあったら、お願いですから、立ち止まって、星の下で、ちょっと待ってほしいんです！

もし、そのとき、一人の子供が君たちのところへ来て、からからと笑って、黄金色の髪で、質問しても答えてくれなかったら、それが誰だか、分かるはずです。そんなことがあったら、どうか！ 僕の、ひどく切ない気もちを、どうにかしてください。すぐに、僕へ、手紙<ruby>手紙<rt>てがみ</rt></ruby>を書いてください。あの子が帰って来たよ、って……。

주의 깊게 이 풍경을 봐주세요. 혹시 언젠가 아프리카의 사막을 여행할 때 이곳이 어디인지를 확실히 알 수 있도록 말입니다. 그리고 만약 여기를 지나가게 되면 부탁이니 별 아래에 서서 잠시 기다려 주세요!

만약 그때, 한 아이가 당신이 있는 곳으로 다가와서 까르르 웃거나 황금빛 머리칼을 하고 묻는 말에 대답하지 않는다면 여러분은 그 아이가 누구인지 알 수 있을 것입니다. 그런 일이 있다면 부디! 저의 너무나 슬픈 이 마음을 어떻게든 해주세요. 바로 저에게 편지를 써 주세요. 그 아이가 돌아왔다고…….

어린 왕자 小さな王子さま

□ 手紙 편지

손끝으로 채우는 일본어 필사 시리즈 2

어린 왕자 小さな王子さま

1판 1쇄 인쇄 2024년 7월 25일
1판 1쇄 발행 2024년 7월 31일

지 은 이   앙투안 드 생텍쥐페리
역   자   오다윤
펴 낸 이   최수진

편   집   최수진
디 자 인   cc. design
일 러 스 트   cc. design

펴 낸 곳   세나북스
제   작   넥스트 프린팅
출 판 등 록   2015년 2월 10일 제300-2015-10호
주   소   서울시 종로구 통일로 18길 9
홈 페 이 지   http://blog.naver.com/banny74
이 메 일   banny74@naver.com
전 화 번 호   02-737-6290
팩   스   02-6442-5438

I S B N   979-11-93614-08-2 13730